ANNALES

DES

PROFESSEURS

DES

ACADÉMIES ET UNIVERSITÉS ALSACIENNES

1525-1872

PAR

OSCAR BERGER-LEVRAULT

NANCY
IMPRIMERIE BERGER-LEVRAULT ET Cie

1891

ANNALES DES PROFESSEURS

ACHON, Joseph, de Lausanne.
Né 4 Avril 1804.
Décédé 18 Février 1855.
Professeur au Grand Séminaire catholique, 1830.
Supérieur du Petit Séminaire catholique, 1835.
Vicaire général de l'Evêché, 1843.

ADAM, Carolus Michael (*S. J.*), Nancy.
Natus 29 Septemb. 1695.
Denatus (Mussiponti) 1771.
Rhetoricæ Professor in Collegio regio, 1722-1723.
Scripturæ Sanctæ Professor in Universitate Mussipontana, 1736-1737.
Theologiæ scholasticæ Professor in Universitate Mussipontana, 1738-1744.
Præfectus Scholarum in Collegio Rhemensi, 1745-1756.
Cancellarius Universitatis episcopalis 31 Martii 1757-1763.
Loco C. E. Tavernier.

ADAM, Josephus (*S. J.*), Catalaunensis.
Natus 6 Martii 1676.
Denatus (Argentin.) 19 Decemb. 1743.
Theol. Doct.
Philosophiæ Professor in Collegio Divionensi, 1711-1712.
Theologiæ moralis Professor in Universitate episcopali, 1712-1714.
Loco C. Gaucher.
Theologiæ scholasticæ Professor in Universitate episcopali, 1714-1722.
Loco C. Gaucher.
Rector Collegii Catalaunensis, 1723-1726.
Rector Collegii Rhemensis, 1727-1732.

AGERIUS (Acker), Nicolaus, Ittenheimens.-Alsat. (B. U.)
Natus 11 Decembris 1568.
Denatus 26 Junii 1634.
Med. Doct. (Basileæ), 11 Julii 1597.
Physices Professor, 1618.
Loco J. L. Hawenreutter.

Ex Facultate philosophica Facultatis medicæ Assistens, 1634.

ALBERTI, Nicolaus (*S. J.*)
Natus
Denatus

Cancellarius et Scripturæ Sanctæ Professor in Academia Molshemiana, 1630-1631.

Loco A. Have.

Rector Academiæ Molshemianæ, 1633-1635.

ARBOGAST, Ludovicus Franciscus Antonius, Mutzingens.-Alsat.
Natus 1 Octobris 1759.
Denatus 1803.
Mathematum Professor.

ARTOPŒUS (Becker), Johannes Christophorus, Argent.
Natus 24 August. 1626.
Denatus 21 Junii 1702.
Jur. Doct. (6 April. 1682).
Director Gymnasii, 1677-1702.
Eloquentiæ latinæ Professor, 22 April. 1683.

Loco J. J. Bockenhoffer.

• Portrait par J. A. Seupel.

ARTOPŒUS, Johannes Georgius.
Natus 1667.
Denatus 1707.
Superioris Gymn., Logices et Rhet. Præceptor et Ecclesiastes, 1697.

AUBRY, Johannes (*S. J.*), Maceriensis.
Natus 17 Decemb. 1642.
Denatus (Argent.) 26 August. 1703.
Theologiæ moralis Professor in Universitate episcopali, 1701-1703.

BACCARA, Franciscus Josephus (*S. J.*), Colmariens.
Natus 23 Novemb. 1722.
Denatus (Erstein) 1805.
Logicæ Professor in Universitate episcopali, 1754-1755.

Loco J. Keifflin.

BÆGERT, Jacobus (*S. J.*), Selestadiens.
Natus 22 Decemb. 1717.
Denatus (Neuburg.-Danub.) Decemb. 1772.
Logicæ Professor in Schola Molshemiana, 1722-1723.

Loco Cretsman.

Physicæ Professor in Schola Molshemiana, 1723-1724.

Loco Cretsman.

Polemicæ Professor in Schola Molshemiana, 1728.

Loco N. Fimberger.

Minister Scholæ Molshemianæ, 1729.
Præfectus spiritualis Scholæ Molshemianæ, 1745.
Missionarius in California, 1751.

Rediit Europam, 1767.

BÆGERT, Jean-Baptiste, de Kaysersberg (Haut-Rhin).
Né 12 Mars 1793.
Décédé (Mulhouse) 1831.

Professeur au Grand Séminaire catholique, 1822.
Principal du Collège de Colmar, 1825.
Directeur de la Sorbonne de Marlenheim.
Chanoine honoraire de la Cathédrale, 25 Mars 1831.

Bær, Fridericus Carolus, Argent.
Natus
Denatus
Theologiæ Professor extraordinarius, 1754.

Bæumlin, Thiébaut-Antoine.
Né 22 Juillet 1765.
Décédé (Thann) 1832.
Chancelier de la Nonciature en Suisse.
Professeur de droit canon et de morale au Grand Séminaire catholique, 1823-1830.
Curé de Sainte-Marie-aux-Mines.
Chanoine honoraire de la Cathédrale.

Balduinus, Franciscus, Atrebatus.
Natus 1 Januar. 1520.
Denatus (Paris.) 24 Octobr. 1573.
Juris Doctor (Biturig.), 1549.
Juris Professor, 1555.
Juris Professor in Universitate Heidelbergensi, 1556-1561.
Portrait par J. N. Larmessin.

Baltus, Johannes Franciscus (*S. J.*), Metensis.
Natus 8 Junii 1667.
Denatus (Rhemis) 9 Martii 1743.
Rhetoricæ Professor in Academia Mussipontana, 1690-1691.
Scripturæ Sanctæ et linguæ hebrææ Professor in Seminario episcopali, 1698-1701.
Scripturæ Sanctæ Professor in Universitate episcopali, 1701-1702.
Theologiæ positivæ Professor in Universitate episcopali, 1702-1712.
Rector Universitatis episcopalis, 13 Septemb. 1712-11 Decemb. 1712.
Loco J. Dez.
Revisor generalis librorum, Romæ, 1717.
Rector Collegii Cabillonensis.
Rector Collegii Divionensis, 1719-1723.
Rector Collegii Metensis, 1725-1728.
Rector Universitatis Mussipontanæ, 1728-1731.
Rector Collegii Catalaunensis, 1736-1740.

Bartenstein, Johannes Philippus, Lindav. (B. U.)
Natus 3 Decemb. 1650.
Denatus 12 Septembr. 1726.
Præceptor in Gymnasio, 1679-1702.
Moralium Professor, 19 Maii 1702.
Logicæ et Metaphysicæ Professor, 4 Julii 1702.

Logicæ et Philosophiæ primæ Prof. publ. ord., 1708.
Portrait par J. A. Seupel.

BARTH, Johannes Henricus, Argent. (B. U.)
Natus 2 Septemb. 1680.
Denatus 21 Septembr. 1719.
Præceptor in Gymnasio.
Theol. Doct., 11 Junii 1711. (6 Maii 1711.)
Theologiæ Professor, 21 Februar. 1710.

SS. Theol. Doct. & Prof. publ. ordin. atque Ecclesiastes, 1712.

BARTHOLMESS, Christian-Jean-Guillaume, de Schweighausen (Bas-Rhin).
Né 26 Février 1815.
Décédé (Nüremberg) 31 Août 1856.
Docteur ès lettres (Paris), 17 Décembre 1849.
Professeur de philosophie au Séminaire protestant, 15 Mars 1853.
Loco J. Willm.
Portrait lithographié par Ch. Schultz, Paris.

BARTSCH, Jacobus, Lauba-Lusat.
Natus 1600.
Denatus 26 Decemb. 1633.
Med. Doct., 2 Martii 1630. (17 Februar. 1630.)
Mathemat. Professor, 22 Februar. 1630.
Loco Is. Malleolus.

BAUDOUIN, Franciscus, *vide* BALDUINUS.

BAUER, Michael (*S. J.*), Moguntin.
Natus 24 Septemb. 1712.
Denatus
Logicæ Professor in Schola Molsheimiana, 1747-1748.
Loco J. Hacquebaut.
Physicæ Professor in Schola Molsheimiana, 1748-1749.
Loco J. Hacquebaut.
Missionarius in Imperio Mexicano, ante 1753.
Pater spiritualis Collegii in Tepotzotlan, 1764-1767.

BAUER, Philippus (*S. J.*), Hochfeldens.-Alsat.
Natus 31 Decemb. 1709.
Denatus post 1765.
Scripturæ Sanctæ Professor in Academia Bambergensi, 1745-1747.
Minister Collegii Würzburgensis, 1747.
(?) Theologiæ scholasticæ Professor in Academia Molsheimiana.
Loco J. Sendelbach.
Theologiæ moralis Professor in Academia Bambergensi, 1753-12 Februar. 1763.
Cancellarius Academiæ Bambergensis, 1756-1763.
Vice-Rector Academiæ Erfurtensis, 12 Februar. 1763.
Rector Academiæ Erfurtensis, 21 Novemb. 1764.

BAUHOFFIUS, Engelhartus, Argent.
Natus
Denatus
Theologiæ Professor extraordinar., 1558.

Baulny, Carolus (*S. J.*), Fleville-Ardenn.
Natus 5 Februar. 1717.
Denatus
Logicæ Professor in Universitate episcopali, 1750-1751.
Loco F. Rcon.
Physicæ Professor in Universitate episcopali, 1751-1752.
Loco F. J. Sermonnet.
Logicæ Professor in Universitate episcopali, 1752-1753.
Loco P. Collin.
Physicæ Professor in Universitate episcopali, 1753-1754.
Loco P. Collin.

Baum, Jean Guillaume, de Flonheim (Mont-Tonnerre).
Né 7 Décembre 1809.
Décédé 29 Octobre 1878.
Docteur en théologie (Zürich), 27 Mai 1864.
Professeur agrégé au Séminaire protestant, 1 Décembre 1839.
Professeur au Séminaire protestant, 24 Avril 1860.
Professeur à l'Université de Strasbourg, 1 Mai 1872.

Baumgartner, Heinricus, Argent.
Natus 21 Octob. 1553.
Denatus 6 Octob. 1614.
Consul, 1601, 1607 et 1613.
Scholarcha, 23 Mart. 1597.

Baunach, Sebastianus (*S. J.*), Bambergens.
Natus 1607.
Denatus (Selestad.) 6 August. 1679.
Metaphysicæ Professor in Academia Molsheimiana, 1654-1655.
Theologiæ moralis Professor in Academia Molsheimiana, 1655-1656.
Loco H. Gnadt.

Beaujour, Gabriel (*S. J.*), Juviniacus.
Natus 3 Novemb. 1670.
Denatus (Châlons-sur-Marne) 13 Januar. 1736.
Logicæ Professor in Universitate episcopali, 1703-1704.
Loco F. Gouriot.
Physicæ Professor in Universitate episcopali, 1704-1705.
Loco F. Gouriot.
Logicæ Professor in Universitate episcopali, 1705-1706.
Loco F. Simon.
Physicæ Professor in Universitate episcopali, 1706-1707.
Loco J. Laurans.
Logicæ Professor in Universitate episcopali, 1707-1708.
Loco J. Laurans.
Physicæ Professor in Universitate episcopali, 1708-1709.
Loco J. Laurans.
Rector Collegii Rhemensis, 1718-1722.
Rector Collegii Altissiodorensis, 1724-1727.
Rector Collegii Colmariensis, 1728-1732.
Rector Collegii Catalaunensis, 1732-1734.

Bebel, Baltasar (Bœbelius), Argent.
Natus 28 Octobris 1632.
Denatus (Wittenbergæ) 2 Octobris 1686.
Theol. Doct. 18 Februar. 1662. (11 Decemb. 1661.)
Theologiæ Professor 27 Septemb. 1661.
Abiit Wittenbergam 1686.

SS. Theol. Doct. & Prof. publ. ord. atque Ecclesiastes Summi Templi & Collegii Wilhelmitani Inspector, 1670.
Portrait par Ph. Kilian.

Bebio, Ludovicus, Württemberg.
Natus
Denatus 1545.
Juris Professor, 1542.
Loco W. Büttelbronn.

Bechtold, Johannes, Argent. (B. U.)
Natus 7 Februar. 1580.
Denatus 2 Martii 1622.
Theol. Doct. (Tübingæ), 1607.
Theologiæ Professor, 1610.
Loco J. Pappus.
Theol. Doct. & Prof. et Convent. eccles. Præses, 1610-1622.

Becker, Johannes Christophorus, *vide* Artopœus.

Beckmann, Franciscus Josephus, Molsheim.
Natus 19 Novemb. 1753.
Denatus (Behlenheim) 1827.
Professor in Seminario episcopali, 1789-1791.
Professor Seminarii episcopalis in Monasterio Allerheiligen, 1791-1797.
Parochus in Behlenheim.

Bedrottus, Jacobus, Bludentz.
Natus
Denatus 21 Novembr. 1541.
Linguæ græcæ Professor, Friburgi-Brisg., 1523.
Linguæ græcæ Professor, 1526.

Bégue, André, de Petite-Fontaine près Massevaux (Haut-Rhin).
Né 5 Mars 1814.
Décédé (Petite-Fontaine) 16 Octobre 1872.
Professeur de droit canon au Grand Séminaire catholique, 1840.
Professeur de dogme au Grand Séminaire catholique, 1842-1872.

Benoist, Nicolaus (*S. J.*), Augustodunens.
Natus 21 Novemb. 1667.
Denatus (Dijon) 17 Maii 1758.
Theol. Doct.
Physicæ Professor in Collegio Augustodunensi, 1701-1703.
Logicæ Professor in Collegio Augustodunensi, 1703-1704.
Physicæ Professor in Collegio Augustodunensi, 1704-1705.

Theologiæ moralis Professor in Universitate episcopali, 1706-1709.

Loco I. Du Chailloux.

Theologiæ scholasticæ Professor in Collegio Divionensi, 1711-1712.
Præfectus generalis studiorum in Collegio Divionensi, 1722-1723.
Rector Collegii Divionensis, 1726-1729.
Præfectus generalis studiorum in Collegio Divionensi, 1746-1758.

Bentz, Johannes, Bruchsal.

Natus 1547.
Denatus 1599.
Præceptor in Gymnasio, 1572.
Logices Professor ordin. & Matheseos extraord., Maio 1591.

Berckheim, Franciscus Samuel de.

Natus 6 Octob. 1703.
Denatus 15 Novemb. 1787.
Prætor, 7 Januar. 1751.
Universitatis Cancellarius, 26 Maii 1764.

Beringer, Christophorus (*S. J.*), Bambergens.

Natus 2 April. 1713.
Denatus post 1765.
Scripturæ sanctæ Professor in Schola Molshemiana, 1752-Febr. 1753.

Loco I. Morlock.

Bernard, Dominicus (*S. J.*), Metensis.

Natus 10 Junii 1689.
Denatus (in Lotharingia) 1782.
Theologiæ scholasticæ Professor in Universitate episcopali, 1727-1732.

Loco J. Nicolas.

Rector Collegii Sedanensis, 1736-1739.
Rector Collegii Divionensis, 1739-1741.
Præpositus Provinciæ Campaniæ, 1741-1744.
Rector Universitatis episcopalis, 1 Februar. 1745-1 Maii 1748.

Loco N. Cannelle.

Rector Universitatis Mussipontanæ, 1748-1752.
Rector Collegii Divionensis, 1752-1756.
Rector Universitatis episcopalis, 2 Septemb. 1756-19 Novemb. 1759.

Loco C. Gauthier.

Rector Collegii Virdunensis, 1759-1762.
Sine officio, Mussiponti, 1764-1768.

Bernard, Johannes (*S. J.*), Alsat.

Natus 1643.
Denatus (Bamberg.) 9 April. 1707.
Theol. Doct.
Theologiæ moralis Professor in Academia Molshemiana, 1680-1681.

Loco P. Classmann.

Philosophiæ Professor in Universitate Würzburgensi, 1682.

Theologiæ moralis Professor in Academia Molshemiana, 1687-1690.

Loco L. Lutz.

Theologiæ scholasticæ Professor in Academia Molshemiana, 1690-1699.

Loco D. Mandt.

Cancellarius Academiæ Bambergensis, 1703-19 April. 1705.
Scripturæ Sanctæ Professor in Academia Bambergensi, 19 April. 1705-1707.

BERNEGGERUS, Mathias, Halstadt-Austriac. (B. U.)
Natus 8 Februar. 1582.
Denatus 3 Februar. 1640.
Bonarum litterarum Professor et Gymnasii Præceptor, 1608.
Historiarum Professor, 1613.

Loco C. Bitschius.

Eloquentiæ Professor, 1626.

Loco M. Florus.

Historiarum Professor, 1629.
Portrait par P. Aubry.
Portrait par I. I. Haid, Augsbourg.
Portrait par M. Haffner.

BERSTETT, Philippus Jacobus de.
Natus 2 Maii 1676.
Denatus 17 August. 1741.
Prætor, 17 Martii 1717.
Universitatis Cancellarius.

BEUTHER, Johannes Michael, Argent.
Natus April. 1565.
Denatus Januar. 1618.
Jur. Doct. (Basil.), 1591.
Juris Professor, 1604.

J. U. D. & Pandect. Prof. ordin., 1612.

BEUTHER, Michael, Carlstadio-Francus.
Natus 18 Novemb. 1522.
Denatus 27 Octob. 1587.
Jur. Doct. (Ferrariæ), 1554.
Historiarum Professor, 1565.
Portrait par I. Brunn. 1587.
Portrait par P. Aubry. 1581.

BEYCKERT, Johannes Philippus, Argent. (B. U.)
Natus 27 Maii 1713.
Denatus 26 Septemb. 1787.
Theol. Doct., 22 Septemb. 1757. (6 Septemb. 1757.)
Poëseos Professor, 22 Septemb. 1745.

Loco P. L. Rang.

Theologiæ Professor, 3 Novemb. 1752.

Loco J. M. Lorentz.

Philos. Doct. & Poëseos Prof. ordin. atque Ecclesiastes, 1748.
Director Gymnasii, 1761-1787.
Silhouette gravée. 178 . .

BICCIUS, Gregorius, Budissinæ-Lusatus. (B. U.)
Natus 4 Martii 1603.
Denatus 13 Decemb. 1657.
Jur. Doct., 15 Julii 1630. (13 Julii 1630.)
Juris Professor, 3 Martis 1637.
Loco Caspar Bitschius.

J. U. D. & Pandect. Prof. publ. 1645.
Portrait par I. Brunn. 1645.

BIEGEISEN, Johannes (*S. J.*), Altkirch.-Alsat.
Natus 1585.
Denatus (Aschaffenburg) 19 Februar. 1636.
Logicæ Professor in Academia Molshemiana, 1620-1621.
Loco L. Ripperberger.
Physicæ Professor in Academia Molshemiana, 1621-1622.
Loco L. Ripperberger.
Metaphysicæ Professor in Academia Molshemiana, 1622-1623.
Loco L. Ripperberger.

BILONIUS, Josephus (*S. J.*), Tabernens.-Alsat.
Natus 31 August. 1657.
Denatus (Molsheim) 3 August. 1726.
Logicæ Professor in Academia Bambergensi, 1694-1695.
Physicæ Professor in Academia Bambergensi, 1695-1696.
Metaphysicæ Professor in Academia Bambergensi, 1696-1697.
Theologiæ Professor in Collegio Moguntino.
Scripturæ Sanctæ Professor in Academia Bambergensi, 26 Februar. 1701-1703.
Theologiæ Scholasticæ Professor in Schola Molshemiana, 1714-1715.
Loco L. Stein.
Polemicæ Professor in Schola Molshemiana, 1717-1720.
Loco J. Oettweiller.
Polemicæ Professor in Schola Molshemiana, 1721-1722.
Loco I. Wolff.

BIRGY, François Joseph Urbain, de Winzenheim.
Né 26 Mai 1792.
Décédé 7 Juin 1866.
Professeur au Grand Séminaire catholique.
Chanoine de la Cathédrale, 5 Octobre 1833.
Trésorier du Grand Séminaire catholique, 1847.

BISCHWEILER, Adam (*S. J.*), Alsatus.
Natus 1648.
Denatus (?) post 1720.
(?) Logicæ Professor in Academia Molshemiana, 1680-1681.
Loco H. Westerberger.
(?) Physicæ Professor in Academia Molshemiana, 1681-1682.
Loco (?)
Metaphysicæ Professor in Academia Molshemiana, 1682-1683.
Loco (?)

Bitschius, Casparus, Hagenoensis.
Natus 5 April. 1579.
Denatus Decemb. 1636.
Jur. Doct. (Basil.), 7 Junii 1608.
Præceptor in Gymnasio, 1607.
Historiarum Professor, 29 Septemb. 1608.
Loco Ph. Rihel.
Pandectarum Professor, Novemb. 1612.
Loco J. Meier.
Portrait par J. v. d. Heyden.

Bittelbronn, Wendelin, *vide* Büttelbronn.

Bizouard, Carolus (*S. J.*), Mont-Saint-Jean (Côte-d'Or).
Natus 26 (*aut* 23) Decemb. 1662.
Denatus (Dijon) 13 Julii 1728.
Logicæ Professor in Universitate Mussipontana, 1695-1696.
Theologiæ moralis Professor in Seminario episcopali, 1699-1700.
Loco N. Geninet.
Theologiæ scholasticæ Professor in Collegio Rhemensi, 1700-1701.
Theologiæ scholasticæ Professor in Collegio Rhemensi, 1702-1705.
Minister in Universitate Mussipontana, 1711-1712.
Rector Collegii Colmariensis, 1712-1716.
Rector Collegii Ensisheimensis, 1716-1719.
Confessarius in Ecclesia Sancti Nicolai a Portu, 1722-1723.

Blamont, Franciscus Eustachius de (*S. J.*), Rhemensis.
Natus 26 Februar. 1659.
Denatus (Mussiponti) 30 April. 1740.
Logicæ Professor in Seminario episcopali, 1689-1690.
Concionator in Collegio Catalaunensi, 1695-1696.
Concionator in Collegio Senonensi, 1701-1702.
Concionator in Collegio Altissiodorensi, 1703-1704.
Theologiæ scholasticæ Professor in Collegio Rhemensi, 1704-1705.
Concionator in Collegio Lingonensi, 1711-1712.
Rector Collegii Altissiodorensis, 1713-1717.
Rector Collegii Carolopolitani, 1720-1723.
Rector Collegii Augustodunensis, 1728-1731.

Blanckenburg, Fridericus, Grossenfahnern-Thuring.
Natus 1580.
Denatus 24 August. 1625.
Hebrææ linguæ Professor, 21 April. 1615.
Loco T. Speccer.

Blesinger, Carolus (*S. J.*), Maycameran.-Palatin.
Natus 23 Maii 1666.
Denatus (Hagenoæ) 23 Martii 1736.
Logicæ Professor in Academia Molshemiana, 1698-1699.
Loco J. Hess.
Physicæ Professor in Academia Molshemiana, 1699-1700.
Loco J. Hess.

Blessig, Johannes Laurentius, Argent. (B. U.)
Natus 15 April. 1747.
Denatus 17 Februar. 1816.
Phil. Doct., 20 Septemb. 1770. (3 August. 1770.)
Jur. Doct. (27 Martii 1784).
Theol. Doct., 27 Martii 1788. (27 Februar. 1788.)
Philosophiæ Professor extraordin., 1778.
Philosophiæ Professor, 1786.
Theologiæ Professor.
Theol. Doct. & Prof. ac Convent. eccl. Præses, 1795.
Professeur de philosophie et d'interprétation des livres de l'Ancien et du Nouveau Testament à l'Académie protestante.

Theol. prof. publ. ord. & Novi Templi Pastor, 1788.
Portrait par C. Guérin.
Portrait par C. Guérin. (Variante.)
Portrait par Ch. A. Schuler.
Portrait lithographié par J. D. Beyer.
Portrait lithographié par Flaxland.
Portrait lithographié par Ch. A. Schuler.
Portrait non signé. Engelmann & Cie.

Blotius, Hugo, Delft.
Natus 1533.
Denatus (Viennæ) 29 Januar. 1588.
Ethicæ Professor, 1565.
Abiit (Viennam) 1575.

Bock à Blæsheim, Antonius Everardus.
Natus 20 Septemb. 1664.
Denatus 26 Januar. 1730.
Prætor, 7 Januar. 1700.
Universitatis Cancellarius, 13 Januar. 1721.

Bock à Blæsheim, Franciscus Carolus, Argent.
Natus 24 Novemb. 1705.
Denatus (Stuttgart) 28 August. 1780.
Prætor, 3 Januar. 1732-1764.
Universitatis Cancellarius, 16 Januar. 1747.

Bockenhoffer, Johannes Joachim, Argent. (B. U.)
Natus 12 Decemb. 1651.
Denatus 2 Januar. 1683.
Jur. Doct., 26 April. 1682.
Eloquentiæ Professor, Februar. 1682.

Bœbelius, Baltasar, *vide* **Bebel**.

Bœckle, Johannes Philippus, Rubeacens.
Natus 1551.
Denatus 16 Maii 1614.
Prætor, 1594.
Universitatis Cancellarius, 8 Martii 1602.

BOECLER, Johannes, Stockholm. (B. U.)

Natus 11 Octobr. 1651.
Denatus 19 April. 1701.
Med. Doct., 20 Maii 1675. (11 Octob. 1673.)
Medicinæ Professor, 23 Februar. 1685.

Chemiæ ac Mater. medic. Prof., 1685.
Med. ac Phil. Doct., Botan. ac Chymiæ Prof. publ. ord.
Phil. & Med. Doct., Botan. reliquæque Mater. med. Prof.

Portrait J. A. Seupel.

BOECLER, Johannes, Argent. (B. U.)

Natus 6 Novemb. 1681.
Denatus 27 Februar. 1733.
Med. Doct., 23 April. 1705. (24 Octob. 1678.)
Physices Professor, 8 Maii 1708.
Medicinæ Professor, 10 Novemb. 1719.

Loco J. S. Henninger.

Med. & Phil. Doct. & Histor. natur. Prof. publ. ord., 1711.
Med. & Phil. Doct. Physic. Prof. publ. ord., 1716.

BOECLER, Johannes, Argent. (B. C.)

Natus 21 Septemb. 1710.
Denatus 19 Maii 1759.
Med. Doct., 2 Julii 1733. (25 April. 1733.)
Phil. Doct., 8 Novemb. 1736.
Physices Professor, 6 Octob. 1734.

Loco J. Saltzmann.

Chemiæ, Botanices reliquæque materiæ medicæ Professor 9 Maii 1738.

BOECLER, Johannes Fridericus, Argent. (B. U.)

Natus 5 Febr. 1692.
Denatus 4 Novemb. 1755.
Jur. Doct., 5 Maii 1734. (18 Novemb. 1716.)
Juris Professor, Januar. 1732.

Loco J. H. Bœcler.

J. U. D. Pandect. & Cod. Prof. 1748.

BOECLER, Johannes Henricus, Cronheim-Francus. (B. U.)

Natus 13 Februar. 1611.
Denatus 12 Septemb. 1672.
Phil. Doct., 1636.
Eloquentiæ Professor, 11 April. 1637.
Historiarum Professor, 5 Maii 1640-Januar. 1649.

Abiit Upsalam 26 Januar. 1649.
Rediit Argentoratum 27 Martii 1654.

Historiarum Professor, 27 Martii 1654.
Comespalatinus Cæsareus, 1653.

Portrait par J. A. Seupel,
Idem : Variante.

BOECLER, Johannes Henricus, Argent.
Natus 6 Januar. 1679.
Denatus 11 Januar. 1732.
Jur. Doct. (30 Decemb. 1702.)
Juris Professor, 6 Maii 1701.

U. J. D. Instit. Imp & Jur. publ. Prof. publ., 1709.
U. J. D. Juris publ. Prof. ord., 1710.
U. J. D. Cod. & Feudal. placit. Prof. publ., 1730.
Portrait non signé.

BOECLER, Philippus Henricus, Argent. (B. U.)
Natus 15 Decemb. 1718.
Denatus 7 Junii 1759.
Med. Doct., 19 April. 1742. (30 Junii 1741.)
Medicinæ Professor extraord., 22 Februar. 1748.
Logices et Metaphysices Professor publicus ordinarius, 30 Januar. 1756.
Loco P. C. Rang.
Medicinæ Professor extraordinarius, 24 Februar. 1748.
Anatomiæ & Chirurgiæ Professor ordinarius, 24 Septemb. 1756.

Phil. & Med. Doct. ejusdemque Prof. publ. extraord.
Reg. Scient. Monspel., Cæsar. Nat. Curios. et Elect. Mogunt. Scient. util. Academ. Adscriptus, 1756.

BOECLIN, Caspar, *voir* HEDIO.

BORLER, Augustinus (*S. J.*), Seeheim.-Hassus.
Natus Maio 1632.
Denatus (Mogunt.) 4 Septemb. 1698.
Theol. Doct. (Bamberg), 16 Septemb. 1670.
Litterarum humaniorum Professor in Academia Bambergensi, 1654-1659.
Logicæ Professor in Academia Molshemiana, 1664-1665.
Loco D. Jobart.
Physicæ Professor in Academia Molshemiana, 1665-1666.
Loco D. Jobart.
Metaphysicæ Professor in Academia Molshemiana, 1666-1667.
Loco D. Jobart.
Theologiæ scholasticæ Professor in Academia Bambergensi, 1667-1670.
Theologiæ Professor in Universitate Würzburgensi.
Rector Academiæ Bambergensis, 29 Septemb. 1675-24 Januar. 1679.
Rector Novitiatus Moguntini, 1679-1680.
Præpositus Provinciæ Rheni Superioris, 1680-1683.
Præpositus Provinciæ Rheni Superioris, 1686-1691.
Præpositus Provinciæ Rheni Superioris, 1694-1698.

BOSCH, Michael, Windshemio-Francus.
Natus 1536.
Denatus 1608.

Præceptor in Gymnasio, 1563.
Linguæ græcæ Professor, 1591.
Loco Ph. Glaser.

BOUCHER, Jacobus (*S. J.*)
Natus
Denatus (Argent.) 5 Junii 1703.
Theologiæ positivæ Professor in Seminario episcopali, 1690-1691.
Loco F. Claudot.
Scripturæ Sanctæ Professor in Seminario episcopali, 1691-1693.
Director et Confessor Seminarii episcopalis, 1695-1696.
Director et Confessor Seminarii episcopalis, 1700-1701.
Director et Confessor Universitatis episcopalis, 1701-1703.

BRACKENHOFFER, Andreas, Argentin.
Natus 24 Martii 1617.
Denatus 25 August. 1679.
Consul, 1658, 1664, 1670 et 1676.
Scholarcha, 27 Januar. 1662.

BRACKENHOFFER, Elias, Argentin. (B. U.)
Natus 10 Novemb. 1669.
Denatus 5 Mart. 1730.
Consul, 1729.
Scholarcha, 16 Januar. 1730.

BRACKENHOFFER, Elias, Argent.
Natus 1720.
Denatus 1794.
XIII vir.
Scholarcha, 14 Septemb. 1780.

BRACKENHOFFER, Johannes Jeremias, Argent. (B. U.)
Natus 29 Julii 1723.
Denatus 31 August. 1789.
Phil. Doct., 4 Maii 1747.
Mathematum Professor, 28 Martii 1746.
Loco J. G. Schertz.
Mathematum Professor in Regia Schola pyrotechnica.
Loco J. G. Schertz.

Matheseos Prof. publ. ord. ejusdemque Regius ad militares ordines Doctor.

BRACONNIER, Franciscus (*S. J.*), Cusey (Haute-Marne).
Natus 25 Junii 1656.
Denatus (in castro Dardanelles) 1 Februar. 1716.
Logicæ Professor in Seminario episcopali, 1687-1688.
Loco N. Maucervel.
Theologiæ moralis Professor in Seminario episcopali, 1689-1690.
Superior Collegii Spinalensis, 1691-1693.
Missionarius in Græcia, 1696-1716.

BRAUN, Johannes Daniel, Argent.
Natus 12 Decemb. 1735.
Denatus 1810.
Jur. Doct., 26 Septemb. 1776. (18 Junii 1760.)
Juris Professor extraord. 27 April. 1773.
Juris Professor 14 August. 1775.
Loco J. F. Ehrlen.
Professeur de droit civil et criminel à l'Académie protestante.

BRECHT, Johannes Reinhartus, Plobsheim.-Alsat. (B. U.)
Natus 27 Octob. 1656.
Denatus 26 Februar. 1722.
Theol. Doct., 11 Junii 1711. (25 Mart. 1711.)
Præceptor in Gymnasio.
Theologiæ Professor, 8 Maii 1708.
Loco J. J. Zentgraff.

SS. Theol. Prof. publ. ord. & Eccles. liber, 1711.

BRENDEL, Franciscus Antonius, Lohran.-Spessart.
Natus 4 Octob. 1735.
Denatus 22 Maii 1799.
Jur. Can. Doct.
Theol. Doct.
Juris privati canonici Professor in Universitate episcopali, 17..-1790.
Professor in Seminario episcopali, 1786-1790.
Episcopus Argentoratensis electus, 6 Martii 1791.

Theol. & Jur. canon. Doct. hujusque Prof., 1777.
Theol. & Sacr. canon. Doct. Jur. canon. Prof., 1778.

BRENY, Dominicus (*S. J.*), Selestadiens.
Natus 18 Januar. 1705.
Denatus ante 1753.
Logicæ Professor in Schola Molshemiana, 1739-1740.
Loco J. Thorwesten.
Physicæ Professor in Schola Molshemiana, Januar.-Julium 1741.
Loco J. Thorwesten.

BRENY, Ludovicus Dominicus (*S. J.*), Selestadiens.
Natus 16 Junii 1705.
Denatus 1791.
Juris canonici Professor in Universitate episcopali, 1743-1750.
Loco F. J. Jost.
Dimissus 1750.
Parochus in Ettenheim.
Capellanus Selestadii.

BROSAMER, Philippus (*S. J.*), Oxovius.
Natus 1608.
Denatus ante 1678.
Logicæ Professor in Academia Molshemiana, 1654-1655.

Physicæ Professor in Academia Molshemiana, 1655-1656.
Loco C. Soll.

Metaphysicæ Professor in Academia Molshemiana, 1656-1657.
Loco C. Soll.

BRUCH, Casparus (*S. J.*), Wetzlar.
Natus 12 August. 1703.
Denatus 3 Septemb. 1755.
Theologiæ moralis Professor in Schola Molshemiana, 1741-1744.
Loco J. Hornigk.

BRUCH, Jean Frédéric, de Pirmasens (Mont-Tonnerre).
Né 13 Décembre 1792.
Décédé 21 Juillet 1874.
Docteur en théologie, 19 Janvier 1822.
Directeur du Gymnase protestant, 1828-1849.
Professeur au Séminaire protestant, 21 Février 1821.
Professeur de morale évangélique à la Faculté de théologie, 10 Juillet 1821.
(?) Professeur d'éloquence sacrée à la Faculté de théologie, 1864.
Loco Ch. G. A. Schmidt.

Professeur à l'Université de Strasbourg, 1 Mai 1872.
Professeur honoraire Août 1872.

Portrait lithographié par J. Serr.
Portrait à l'eau-forte par Mme E. Gerold.

BRULON, Claudius (*S. J.*), Sainte-Menehould.
Natus 4 April. 1638.
Denatus (Ensisheim) 14 Septemb. 1715.
Theologiæ scholasticæ Professor in Universitate Mussipontana, 1691-1694.
Theologiæ moralis Professor in Seminario episcopali, 1696-1698.
Loco C. de La Ruelle.

Minister Collegii Ensishemiani, 1700-1701.
Theologiæ moralis Professor in Collegio Ensishemiano, 1703-1704.
Minister Collegii Ensishemiani, 1704-1705.
Præfectus Ecclesiæ in Collegio Ensishemiano, 1711-1712.

BRÜLOVIUS (Brülow), Casparus, Falckenberg-Pomeran.
Natus 18 Septemb. 1585.
Denatus 14 Julii 1627.
Poëseos Professor, 1615-1626.
Director Gymnasii, 1621-1627.
Historiarum Professor 11 Decemb. 1626.
Loco M. Bernegger.

Portrait par J. Heyden, 1627.

BRUMBACH, Johannes Simon à, Lohranus.-Alsat.
Natus 28 Octob. 1572.
Denatus 19 Octob. 1618.
Prætor, 1614.
Universitatis Cancellarius. 30 Maii 1614

Brunfels, Otto, Moguntinus.
Natus 1488.
Denatus (Bernæ) 23 Novemb. 1534.
Med. Doct. (Basil.), 1530.
Medicinæ Professor, circa 1530.
Abiit Bernam 8 Octob. 1533.

Bruno, Johannes, Argentin.
Natus
Denatus 5 Januar. 1571.
Physices Professor.

Bucer (Butzer), Martinus, Selestadiensis.
Natus 11 Novemb. 1491.
Denatus 28 Februar. 1551.
Theol. Doct.
Theologiæ Professor, 1523.
Convent. eccles. Præses, 1531.
Abiit Cambridge 1548.

Portrait signé R. B.

Büchlein, Paulus, *vide* Fagius.

Büttel, Henricus (*S. J.*)
Natus 1643.
Denatus (Heiligenstad.) 15 Maii 1689.
Ethices et Mathematum Professor in Academia Bambergensi, 1673-1674.
Ethices et Mathematum Professor in Academia Molshemiana, 1674-1676.

Büttelbronn, Wendelin, Argent.
Natus
Denatus 27 Martii 1547.
Juris Professor, 1538.

Burg, Jean-Baptiste, de Minversheim (Bas-Rhin).
Né 3 Avril 1804.
Décédé 1 Mai 1887.
Professeur de morale au Grand Séminaire catholique, 1839-1853.
Loco Müller.
Membre de la Congrégation du Saint-Esprit, 1853.

Calvin, Johannes, Novioduno-Veromand.
Natus 10 Julii 1509.
Denatus (Genève) 21 Maii 1564.
Theol. Doct.
Theologiæ Professor, Septemb. 1538.
Abiit Genevam Septemb. 1541.

Cannelle, Nicolaus (*S. J.*), Rhemens.
Natus 25 August. 1673.
Denatus (Ensisheim) 23 Februar. 1751.
Rector Collegii Carolopolitani, 1711-1714.

Rector Collegii Metensis, 1738-1741.
Rector Universitatis episcopalis, 27 Octob. 1741-31 Januar. 1745.
Loco E. Charron.
Rector Collegii Ensishemensis, 1745-1748.

CAPITO (Kœpflein), Wolffgang Fabricius, Hagenoensis.
Natus 1472.
Denatus 4 Novemb. 1541.
Theol. Doct., 1498.
Theologiæ Professor, 1523.
Portrait non signé. 1541.

CAPNIO (Reuchlin), Antonius, Isnensis-Württ.
Natus 22 Februar. 1495.
Denatus 1558.
Hebrææ linguæ Professor 17 Mart. 1554.
Loco D. Kyber.

CARPENTARIUS, Petrus, Tolosan.
Natus
Denatus (Mussiponti) Maio 1612.
Juris Professor, circa 1562.
Juris Professor in Universitate Mussipontana, 1603-1612.

CASELIUS, Gregorius.
Natus
Denatus 1528.
Hebrææ linguæ Professor, 1526.

CETTI, Andreas (*S. J.*), Selestadiens.
Natus 19 Novemb. 1687.
Denatus (Molsheim) 22 Februar. 1747.
Logicæ Professor in Schola Molshemiana, 1714-1715.
Loco G. Rippel.
Physicæ Professor in Schola Molshemiana, 1715-1716.
Loco M. Niedt.
Moralium Professor in Schola Molshemiana, 1721-1722.
Loco O. Wigandt.
Minister Scholæ Molshemianæ, 1722-1724.
Minister Scholæ Molshemianæ, Mart.-Decemb. 1725.
Procurator Scholæ Molshemianæ, 1726-1734.

CHAPPUIS, Mauritius (*S. J.*), Pruntrut.
Natus 1649.
Denatus 29 Maii 1700.
Physicæ Professor in Academia Molshemiana, 1683-1684.
Loco C. Karg.
Logicæ Professor in Academia Molshemiana, 1684-1685.
Loco J. Walle.
Physicæ Professor in Academia Molshemiana, 1686-1687.
Rector Academiæ Molshemianæ, 1699-1700.
Loco J. Willemin.

CHARRON, Edmundus (*S. J.*), Clamecy.
Natus 28 April. 1665.
Denatus (Mussiponti) 17 Septemb. 1749.
Theol. Doct.
Rhetoricæ Professor in Universitate Mussipontana, 1691-1692.
Philosophiæ Professor in Universitate Mussipontana, 1702-1703.
Theologiæ scholasticæ Professor in Universitate Mussipontana, 1704-1705.
Theologiæ scholasticæ Professor in Universitate episcopali, 1705-1711.
Loco I. de L'Aubrussel.
Rector Novitiatus Nanceiani, 1711-1715.
Rector Universitatis Mussipontanæ, 1715-1718.
Præpositus Provinciæ Campaniæ, 1718-1721.
Rector Universitatis Mussipontanæ, 1722-1725.
Rector Collegii Augustodunensis, 1725-1728.
Rector Collegii Metensis, 1728-1731.
Rector Collegii Calvomontani, 1731-1733.
Rector Collegii Rhemensis, 1733-1734.
Præpositus Provinciæ Campaniæ, 1734-1738.
Rector Universitatis episcopalis, 12 April. 1738-26 Octob. 1741.
Loco C. de La Motte.
Rector Universitatis Mussipontanæ, 1741-1745.
Rector Collegii Metensis, 1745-1748.
Confessarius in Universitate Mussipontana, 1748-1749.

CHARSTADIUS, Valerius, Stettinens. (**B. U.**)
Natus 12 Maii 1590.
Denatus 24 Novemb. 1642.
Medicinæ Doctor, 16 Mart. 1626. (2 Mart. 1626.)

CHOMAS, Franciscus (*S. J.*), Oberehnheimens.
Natus 20 Junii 1705.
Denatus post 1765.
Logicæ Professor in Schola Molshemiana, 1741-1742.
Loco H. Leiss.
Physicæ Professor in Schola Molshemiana, 1742-1743.
Loco H. Leiss.

CLASSMANN, Paulinus (*S. J.*), Mertensis.
Natus 1631.
Denatus (Fulda) 28 Martii 1687.
Logicæ Professor in Academia Bambergensi, 1669-1670.
Physicæ Professor in Academia Bambergensi, 1670-1671.
Metaphysicæ Professor in Academia Bambergensi, 1671-1672.
Theologiæ moralis Professor in Academia Molsheimiana, 1679-1680.
Loco G. Kolb.

CLAUDOT, Nicolaus Franciscus (*S. J.*).
Natus
Denatus (Rhemis) 13 Januar. 1717.

Theologiæ positivæ Professor in Seminario episcopali, 1689-1690.
Theologiæ moralis Professor in Seminario episcopali, 1690-1692.
Loco F. Braconnier.
Scripturæ sanctæ Professor in Seminario episcopali, 1694-1696.
Rector Collegii Augustodunensis, 1708-1711.
Rector Universitatis Mussipontanæ, 1711-1715.
Rector Collegii Nanceiani, 1715-1717.

CLERGET, Stephanus (*S. J.*), Fay-Billot (Diœc. Langres).
Natus 13 Decemb. 1681.
Denatus (Argent.) 8 Februar. 1724.
Philosophiæ Professor in Universitate Mussipontana, 1715-1716.
Theologiæ scholasticæ Professor in Universitate episcopali, 1723-1724.
Loco J. Conat.

CLEVY, Johannes Baptista (*S. J.*), Dombrot-Vosges.
Natus 24 Junii 1698.
Denatus (Bouxières-aux-Dames) 29 Martii 1771.
Logicæ Professor in Universitate episcopali, 1730-1731.
Loco P. A. Maderni.
Physicæ Professor in Universitate episcopali, 1731-1732.
Loco P. A. Maderni.
Rector Novitiatus Nanceiani, 1741-1746.
Director Tertianorum in Novitiatu Nanceiano, 1746-1748.
Rector Novitiatus Nanceiani, 1748-1756.
Rector Collegii Metensis, 1756-1759.
Rector Universitatis Mussipontanæ, 1759-1764.
Superior Seminarii Missionum, Nanceii, 1764-1768.
Vice-Provincialis Provinciæ Campaniæ, 1768-1771.

CLÜTEN, Joachim, Parchim-Mecklemb.
Natus 3 Septemb. 1582.
Denatus 6 Septemb. 1636.
Jur. Doct. (Basil.), Decemb. 1613.
Juris Professor, 14 Maii 1613.

J. U. D. & Pand. Prof. 1623.

COCCIUS, Jodocus (*S. J.*), Trevir.
Natus 1581.
Denatus (Rubeac.) 25 Octob. 1622.
Theol. Doct.
Cancellarius et Scripturæ Sanctæ Professor in Academia Molshemiana, 1619-1621.
Cancellarius et Theologiæ moralis Professor in Academia Molshemiana, 1621-1622.

COCQUEY, Jacobus (*S. J.*), Chaumont-en-Bassigny.
Natus 14 Januar. 1703.
Denatus (Dijon) 5 Junii 1754.
Logicæ Professor in Universitate episcopali, 1735-1736.
Loco F. A. Marlois.

Physicæ Professor in Universitate episcopali, 1736-1737.
Loco F. A. Marlois.
Logicæ Professor in Universitate episcopali, 1737-1738.
Loco F. A. Marlois.
Physicæ Professor in Universitate episcopali, 1738-1739.
Loco F. Schmaltz.
Theologiæ scholasticæ Professor in Universitate episcopali, 1743-1749.
Loco P. A. Maderni.

Cogniat, Josephus Laurentius, Argent.
Natus 1758.
Denatus (Argent.) 1806.
Jur. Can. Doct., 22 Februar. 1782.
Professor in Seminario episcopali, 1785-1790.

Colani, Timothée, de Lemé (Aisne).
Né 24 Janvier 1824.
Décédé (Grindelwald) 2 Septembre 1888.
Docteur en théologie, 22 Mars 1864.
Chargé de cours de littérature française au Séminaire protestant, 11 Mars 1861.
Professeur d'éloquence sacrée à la Faculté de théologie, 4 Juin 1864.
Professeur de philosophie au Séminaire protestant, 18 Octobre 1864.
Loco Ch. F. Waddington.
Parti pour Paris 7 Mars 1871.
Bibliothécaire adjoint à la Bibliothèque de la Sorbonne.

Colinet, Franciscus (*S. J.*), Rhemensis.
Natus 12 Februar. 1659.
Denatus (Nanceii) 6 Martii 1711.
Physicæ Professor in Seminario episcopali, 1693-1694.
Loco H. Morot.
Logicæ Professor in Seminario episcopali, 1692-1693.
Loco M. Gillet.
Theologiæ moralis Professor in Seminario episcopali, 1694-1696.
Loco P. Geoffroy.
Theologiæ scholasticæ Professor in Seminario episcopali, 1696-1698.
Loco F. B. de La Chapelle.

Collignon, Petrus (*S. J.*), Habay-Trevirens.
Natus
Denatus
Logicæ Professor in Universitate episcopali, 1716-1717.
Loco L. M. Gilbert.
Physicæ Professor in Universitate episcopali, 1717-1718.
Loco L. M. Gilbert.
Logicæ Professor in Universitate episcopali, 1718-1719.
Loco L. M. Gilbert.

Physicæ Professor in Universitate episcopali, 1719-1720.
Loco L. M. Gilbert.
Logicæ Professor in Universitate episcopali, 1720-1721.
Loco J. A. Febvre.
Physicæ Professor in Universitate episcopali, 1721-1722.
Loco J. A. Febvre.
Præses Sodalitii Optimatum, Augustoduni, 1746-1762.

COLLIN, Petrus (*S. J.*), Mainville-Mosell.
Natus 18 Decemb. 1716.
Denatus
Logicæ Professor in Universitate episcopali, 1751-1752.
Loco C. Baulny.
Physicæ Professor in Universitate episcopali, 1752-1753.
Loco C. Baulny.

COLLOT, Carolus (*S. J.*), Semilly (Haute-Marne).
Natus 24 Januar. 1709.
Denatus (Bourmont) 12 Novemb. 1764.
Scripturæ sanctæ Professor in Universitate episcopali, 1750-1755.
Loco F. V. Nœf.
Theologiæ moralis Professor in Universitate episcopali, 1755-1757.
Loco F. H. Prugnon.

COMITIN, Henricus de (*S. J.*), Diœc. Châlons-sur-Marne.
Natus 20 Julii 1631.
Denatus (Chaumont) 29 Maii 1687.
Rhetoricæ Professor in Universitate Mussipontana, 1655-1656.
Mathematum Professor in Universitate Mussipontana, 1657-1658.
Philosophiæ Professor in Universitate Mussipontana, 1664-1665.
Philosophiæ et Mathematum Professor in Universitate Mussipontana, 1666-1667.
Theologiæ scholasticæ Professor in Universitate Mussipontana, 1668-1671.
Rector Collegii Rhemensis, 1679-1683.
Rector Collegii Nanceiani, 1683-1686.
Theologiæ scholasticæ & moralis Professor in Seminario episcopali, 1686-1687.
Loco F. Perrin.

CONAT, Josephus (*S. J.*), Spinalens.
Natus 17 Martii 1676.
Denatus (Nancy) 18 Februar. 1756.
Rhetoricæ Professor in Universitate Mussipontana, 1701-1702.
Theologiæ scholasticæ Professor in Universitate episcopali, 1718-1723.
Loco L. Dumesnil.
Rector Collegii Carolopolitani, 1723-1727.
Rector Collegii Barroducensis, 1727-1731.
Rector Universitatis Mussipontanæ, 1731-1735.
Rector Collegii Barroducensis, 1735-1737.
Rector Collegii Augustodunensis, 1737-1741.

Rector Collegii Altissiodorensis, 1741 - 1744.
Rector Collegii Sedanensis, 1745 - 1748.
Rector Collegii Rhemensis, 1748 - 1752.

CONTZEN, Adam (*S. J.*), Montjoye in ducatu Juliacens.
Natus 1573.
Denatus (Münich) 19 Junii 1635.
Theol. Doct.
Logicæ Professor in Universitate Würzburgensi, 1608.
Theologiæ Professor in Universitate Würzburgensi.
Theologiæ Professor in Universitate Moguntina, 1616.
Theologiæ Professor in Academia Molshemiana, 1617.
Theologiæ Professor in Universitate Moguntina, 1618.
Confessarius J. G. ab Aschhausen, Episcopi Würzburgensi.

CORDIER, Nicolaus (*S. J.*), Saint-André-Virodun.
Natus 4 Decemb. 1710.
Denatus (Ile-Madame, Rochefort) Decemb. 1793.
Logicæ Professor in Universitate episcopali, 1746 - 1747.
Loco F. A. Simon.
Physicæ Professor in Universitate episcopali, 1747 - 1748.
Loco F. A. Simon.
Theologiæ scholasticæ Professor in Universitate Mussipontana, 1748 - 1750.
Superior Residentiæ Sancti Michaelis, 1761 - 1768.

COURTOIS, Johannes Ludovicus (*S. J.*), Charleville.
Natus 8 Januar. 1712.
Denatus (Saint-Laurent, prope Charleville) 1 Junii 1772.
Poëseos Professor in Collegio Divionensi, 1746 - 1750.
Rhetoricæ Professor in Collegio Divionensi, 1750 - 1752.
Scriptor in Collegio Divionensi, 1752 - 1753.
Scriptor, Romæ, 1753 - 1758.
Scriptor, Genuæ, 1758 - 1759.
Scriptor, Divione, 1759 - 1763.
Scriptor, Argentorati, 1763 - 1765.

CRETSMAN (? ERETSMAN) (*S. J.*).
Natus 29 Maii 1692.
Denatus
Logicæ Professor in Schola Molshemiana, 1721 - 1722.
Loco N. Masset.
Physicæ Professor in Schola Molshemiana, 1722 - 1723.
Loco N. Masset.
Abiit ex Societate Jesu, 1723.

CRON, Conrad (*S. J.*), Herbipolens.
Natus 11 Julii 1722.
Denatus post 1771.
Logicæ Professor in Academia Bambergensi, 1758 - 1759.
Physicæ Professor in Academia Bambergensi, 1759 - 1760.
Scripturæ Sanctæ Professor in Schola Molshemiana, 1761 - 1762.
Loco P. Pichelmayer.
Minister Scholæ Molshemianæ, 1762.

Scripturæ Sanctæ & Juris Canonici Professor in Schola Molsheminiana, 1763.
Theologiæ Professor in Lycæo Heiligenstadiensi.
Theologiæ Professor in Lycæo Spirensi.

CRON, Philippus (*S. J.*), Bingen.
Natus 3 Decemb. 1623.
Denatus (Molshem.) 30 Octob. 1680.
Poëticæ Professor in Lycæo Bambergensi, 1649-1650.
Rhetoricæ Professor in Lycæo Bambergensi, 1650-1651.
Logicæ Professor in Academia Molshemiana, 1655-1656.
Loco P. Brosamer.
Physicæ Professor in Academia Molshemiana, 1656-1657.
Loco P. Brosamer.
Metaphysicæ & Ethices Professor in Academia Molshemiana, 1657-1658.
Loco P. Brosamer.
Logicæ Professor in Academia Molshemiana, 1658-1659.
Loco N. Fischer.
Metaphysicæ & Ethicæ Professor in Academia Molshemiana, 1659-1660.
Loco L. Rodenbach.
Logicæ Professor in Academia Bambergensi, 1660-1661.
Physicæ Professor in Academia Bambergensi, 1661-1662.
Metaphysicæ Professor in Academia Bambergensi, 1662-1663.

CROUST (Kroust), Michael (*S. J.*), Aspach-Alsat.
Natus 25 Novemb. 1694.
Denatus (Pruntruti) 10 Novemb. 1772.
Theologiæ scholasticæ Professor in Universitate episcopali, 1739-1746.
Loco C. J. Tavernier.
Superior Collegii Colmarini, 1746-1747.
Confessor Mariæ-Josephæ, Delphinæ Franciæ, 1747-1764.
Sine officio, Pruntruti, 1765-1772.

CRUSIUS, Johannes Paulus, Argent.
Natus 19 Februar. 1588.
Denatus 28 Octob. 1629.
Præceptor in Gymnasio, 1613.
Poëseos Professor, 7 Maii 1627.
Loco C. Brülovius.
Portrait par J. ab Heyden, 1609.

CUNITZ, Édouard-Auguste, de Strasbourg.
Né 29 Août 1812.
Décédé 16 Juin 1886.
Docteur en théologie, 25 Novembre 1840.
Professeur agrégé au Séminaire protestant, 25 Septembre 1857.
Professeur au Séminaire protestant, 26 Avril 1864.
Professeur à l'Université de Strasbourg, 1 Mai 1872.

CUSTOSIUS (De La Garde, Sieur de Francheville), Tolosanus.
Natus
Denatus 18 Julii 1576.
Juris Professor, circa 1573.

DABUTZ, Florim. (*S. J.*), Camberg. - Nassov.
Natus 23 Februar. 1727.
Denatus 1804.
Logicæ Professor in Schola Molshemiana, 1762.
Loco P. Paraquin.
Physicæ, Ethicæ et Metaphysicæ Professor in Schola Molshemiana, 1763.
Loco P. Paraquin.
Theologiæ Professor in Universitate Würzburgensi, 1766.

DÆLE, Michael, *vide* DELIUS.

DAHLER, Jean-Georges, de Strasbourg.
Né 7 Décembre 1760.
Décédé 3 Juin 1832.
Candidat en théologie, 8 Novembre 1785.
Professeur suppléant à l'Académie protestante, 28 Mars 1807.
Professeur à l'Académie protestante, 11 Juillet 1811.
Professeur d'exégèse à la Faculté de théologie, 1822.
Professeur de dogme à la Faculté de théologie, 1831.
Loco I. Haffner.
Directeur du Gymnase protestant, 1821.

DANNHAUER, Johannes-Conrad, Kündringa-Brisgoius. (B. U.)
Natus 27 Martii 1603.
Denatus 7 Novemb. 1666.
Theol. Doct., 27 Februar. 1634. (18 Novemb. 1633.)
Eloquentiæ Professor, 4 Martii 1629.
Loco M. Bernegger.
Theologiæ Professor, 14 Junii 1633.
Loco Is. Frœreisen.
Theol. Doct. & Prof. et Convent. eccles. Præses, 20 Septemb. 1658.

Oratoriæ Prof. publ., 1632.
Portrait par B. Kilian.
Portrait par M. Haffner.
Portrait par P. Aubry.
Portrait par I. Brunn. 1641.

DASYPODIUS, Conrad, Argent.
Natus 1531.
Denatus 8 Maii 1601.
Mathematum Professor, 26 Octob. 1562.

DASYPODIUS (Rauhfuss), Petrus, Frauenfeld-Helvet.
Natus 1509.
Denatus 28 Februar. 1559.

Præceptor in Gymnasio.
Græcæ linguæ Professor, 27 Octob. 1540.
Loco Chr. Kerlinus.

DAUBENTON, Guilielmus (*S. J.*), Auxerre.
Natus 21 Octob. 1648.
Denatus (Madrid) 7 August. 1723.
Rhetoricæ Professor in Universitate Mussipontana, 1674-1675.
Rector Collegii regii et Seminarii episcopalis, 23 Septemb. 1691 - 22 Octob. 1694.
Loco J. Dez.

Præpositus Provinciæ Campaniæ, 22 Octob. 1694 - 1698.
Rector Collegii regii et Seminarii episcopalis, 6 Novemb. 1698 - 13 Maii 1701.
Loco P. Verry.

Confessarius Philippi V, Regis Hispaniæ, 1701 - 1705.
Assistens Galliæ, 1706 - 1715.
Confessarius Philippi V, Regis Hispaniæ, 1715 - 1723.

DAUBURTIN, Johannes (*S. J.*), Metensis.
Natus 10 Novemb. 1656 (*vel* 1654).
Denatus (Argent.) 1 Januar. 1730.
Logicæ Professor in Seminario episcopali, 1691 - 1692.
Loco H. Morot.

Procurator Seminarii episcopalis, 1695 - 1696.
Procurator Seminarii episcopalis, 1700 - 1701.
Procurator Universitatis episcopalis, 1702 - 1705.
Procurator Universitatis episcopalis, 1711 - 1712.
Minister Universitatis episcopalis, 1722 - 1723.

DAUCOURT, Franciscus Ignatius (*S. J.*), Pruntrut.-Helvet.
Natus 24 Martii 1696.
Denatus (Pruntrut.) 16 Decemb. 1763.
Theologiæ moralis Professor in Universitate episcopali, 1743 - 1745.
Loco J. L. Metzinger.

Minister Universitatis episcopalis, 1746 - 1750.
Præfectus Spiritus in Universitate episcopali, 1750 - 1752.
Minister Universitatis Mussipontanæ, 1752 - 1756.
Præfectus Spiritus in Collegio Divionensi, 1757 - 1763.
Sine officio, Pruntruti (post Collegii Divionensis suppressionem), Julio 1763.

DECKER, Fridericus, Meisenheim-Bipontinus. (B. U.)
Natus 4 Januar. 1619.
Denatus 28 Januar. 1666.
Jur. Doct., 11 Junii 1640. (20 Septemb. 1638.)
Juris Professor, 15 April. 1658.
Loco G. Biccus.

Portrait par P. Aubry.

DELIUS (Dæle), Michael, Aach, *prope* Constanz.
Natus
Denatus 1554.
Hebrææ linguæ Professor, Friburgi-Brisg., 1521-1531.
Hebrææ linguæ Professor, 1531.

DENNEVILLE, Franciscus Antonius, Selestad.
Natus
Denatus
Theol. Doct., 2 Julii 1782. (10 Maii 1773.)
Theologiæ moralis Professor in Universitate episcopali, 1789-1790.

DES ROCHES, Sigismundus Johannes (*S. J.*), Diœces. Basileensis.
Natus 19 Maii 1668.
Denatus (Argent.) 23 August. 1741.
Theol. Doct., 8 Julii 1704.
Logicæ Professor in Seminario episcopali, 1698-1699.
Loco N. Geninet.
Physicæ Professor in Seminario episcopali, 1699-1700.
Loco J. Gouffier.
Theologiæ moralis Professor in Universitate episcopali, 1703-1704.
Director Seminarii episcopalis, 1708.

DEUMER, Petrus (*S. J.*), Vittensis (? Vittenheim-Alsat.).
Natus 1595.
Denatus post 1662 et ante 1678.
Rector Academiæ Molshemianæ, 1651-1653.
Loco D. Lupius.
Præpositus Provinciæ Rheni superioris, 1656-1659.
Rector Academiæ Molshemianæ, 1659-1663.
Loco G. Mentzius.

DEZ, Johannes (*S. J.*), La Neuville-au-Pont *prope* Ste-Menehould.
Natus 3 April. 1643.
Denatus (Argent.) 12 Septemb. 1712.
Theol. Doct.
Rhetoricæ Professor in Universitate Mussipontana, 1669-1670.
Mathematum Professor in Universitate Mussipontana, 1670-1674.
Rector Collegii Sedanensis, 1681-1682.
Vice-Rector Seminarii episcopalis, 1682-4 Martii 1684.
Rector Seminarii episcopalis, 5 Martii 1684-1686.
Rector Collegii regii et Seminarii episcopalis, 16 Junii 1686-23 Septemb. 1691.
Præpositus Provinciæ Campaniæ, 1691-1694.
Præpositus Provinciæ Gallo-Belgicæ, 1695-1699.
Præpositus Provinciæ Franciæ, 1699-1701.
Præpositus Provinciæ Campaniæ, 1701-1704.
Rector Universitatis episcopalis, 3 Novemb. 1704-18 Maii 1708.
Loco P. Robinet.
Præpositus Provinciæ Campaniæ, 1708-1711.
Rector Universitatis episcopalis, 11 Octob. 1711-12 Septemb. 1712.
Loco I. de L'Aubrussel.

DIETRICH, Antoine, de Minversheim. (Bas-Rhin).
Né 14 Octobre 1807.
Décédé (Benfeld) 7 Décemb. 1860.
Docteur en théologie.
Directeur de l'École supérieure de théologie à Molsheim, 1828.
Professeur de dogme et d'Écriture sainte au Grand Séminaire catholique, 1832.
Chanoine honoraire de la Cathédrale, 1839.
Curé de Benfeld, 4 Juin 1849.

DIETRICH, Dominicus, Argent.
Natus 30 Januar. 1620.
Denatus 9 Martii 1694.
Consul, 1660, 1666, 1672, 1678 et 1684.
Scholarcha, 13 Octob. 1679-1686.

DIETRICH, Nicolaus.
Natus
Denatus
Philosophiæ Magister.
Philosophiæ Professor in Universitate episcopali, 1771.

DIETZ, Petrus (*S. J.*)
Natus
Denatus
Cancellarius et Theologiæ moralis Professor in Academia Molshemiana, 1626-1628.
Rector Academiæ Molshemianæ, 1628-1631.
Loco A. Kirchberger.

DISBERGER, Johannes Baptista (*S. J.*), Colmariens.
Natus 2 Maii 1709.
Denatus
Logicæ Professor in Universitate episcopali, 1762-1763.
Loco J. B. Durosoy.
Physicæ Professor in Universitate episcopali, 1763-1764.
Loco J. B. Durosoy.

DITTERICH, Franciscus Georgius, Bamberg.
Natus 1745.
Denatus (Münich) Octobr. 1811.
Jur. can. Doct.
Juris canonici Professor in Universitate episcopali, 17..-1790.
Abiit Münich 1790.

Jur. can. Doct. ac Prof. publ. ord., 1777.
Jur. publ. eccles. Prof. publ. ord., 1779.
Juris. Can. Doct. & Prof., Supremæ Curiæ Alsat. Advocatus, Principis Salm-Salmensis Consil. aulic., 1779.
Jur. publ. eccles. Prof. publ. ord., Episcop. Spirens. Consil. intim. actual., 1781.

Donung, Stephanus (*S. J.*), Hanov.-Hassiac.
Natus 10 Januar. 1655.
Denatus (Würzburg.) 17 Novemb. 1728.
Theol. Doct.
Logicæ Professor in Academia Bambergensi, 1688-1689.
Physicæ Professor in Academia Bambergensi, 1689-1690.
Metaphysicæ Professor in Academia Bambergensi, 1690-1691.
Mathematum Professor in Academia Bambergensi, 1691-1692.
Mathematum et Ethices Professor in Academia Bambergensi, 1695-1696.
Scripturæ Sanctæ et Matheseos Professor in Academia Bambergensi, 1696-1701.
Cancellarius et Theologiæ scholasticæ Professor in Schola Molshemiana, 1701-1702.
Loco J. Schneider.
Theologiæ dogmaticæ Professor in Universitate episcopali, 1702.
Theologiæ scholasticæ Professor in Universitate Würzburgensi, 1713-1728.

Dorigny, Philippus (*S. J.*), Rhemensis.
Natus 12 Decemb. 1645.
Denatus (Divione) 15 Septemb. 1711.
Theologiæ moralis Professor in Universitate Mussipontana, 1685-1686.
Rector Novitiatus Nanceiani, 1688-1694.
Rector Collegii Lingonensis, 1694-1695.
Rector Universitatis Mussipontanæ, 1695-1698.
Theologiæ scholasticæ Professor in Seminario episcopali, 1698-1699.
Loco P. Robinet.
Theologiæ scholasticæ Professor in Collegio Divionensi, 1700-1701.
Præfectus Spiritus in Collegio Divionensi, 1702-1705.
Rector Collegii Senonensis, 1705-1708.

Dorsch, Johannes Georgius, Argent.
Natus 13 Novemb. 1597.
Denatus (Rostock.) 29 Decemb. 1659.
Theol. Doct., 5 Novemb. 1627. (13 Septemb. 1627.)
Theologiæ Professor, Martio 1627.
Abiit Rostockium Octob. 1653.

SS. Theol. Doct. ejusdemque Prof. ord. & Ecclesiastes, 1628.
Portrait par J. G. Mentzel.
Portrait par M. Haffner.
Portrait par I. Brunn. 1652.
Portrait non signé. 1637.
Portrait par B. Kilian.

Dreis, Wilhelmus (*S. J.*), Lorchens.
Natus 25 Martii 1668.
Denatus (Würzburg.), 13 Januar. 1730.
Rector Scholæ Molshemianæ, 2 Junii 1711-1714.
Loco P. Edmund.
Præpositus Provinciæ Rheni superioris, 1721-1724.

DREUX, Johannes Ignatius Xaverius.
Natus 1734.
Denatus 1804.
Theol. Doct.
Theologiæ Professor in Universitate episcopali.

Theol. Doct., Univers. Argent. Aggregatus, Abbatiæ ad Novum Castrum Ordin. Cisterciensis Præsul, 1782.

DU BOURG, Casparus (*S. J.*), Balbon.
Natus 1 Januar. 1671.
Denatus (Colmar.) 30 Decemb. 1724.
Logicæ Professor in Universitate episcopali, 1701-1702.
Physicæ Professor in Universitate episcopali, 1702-1703.
Loco C. H. Villiain.

DU CHAILLOUX, Johannes Ignatius (*S. J.*), Marciniens. Diœc. Æduensis.
Natus 9 April. 1664 (*vel* 9 Septemb. 1663).
Denatus (Dijon) 4 Septemb. 1725.
Juris canonici Professor in Universitate episcopali, 1701-1703.
Scripturæ sanctæ Professor in Universitate episcopali, 1703-1704.
Theologiæ moralis Professor in Universitate episcopali, 1704-1706.
Loco S. Des Roches.

DUCONTE, Bernhardus Alexander Xaverius.
Natus
Denatus
Juris Canonic. Professor in Universitate episcopali, 1781-1790.

DUGUÉ, Ludovicus Rodrigue (*S. J.*), Stenay.
Natus 4 Decemb. 1696.
Denatus (Stenay) 27 Januar. 1775.
Logicæ Professor in Universitate episcopali, 1739-1740.
Loco F. Schmaltz.
Physicæ Professor in Universitate episcopali, 1740-1741.
Loco F. Schmaltz.
Theologiæ scholasticæ Professor in Universitate Mussipontana, 1744-1748.
Minister Collegii Virdunensis, 1748-1753.
Minister Collegii Rhemensis, 1753-1756.
Bibliothecarius Collegii Rhemensis, 1757-1762.
Sine officio, Stenaci, 1765-1768.

DUMESNIL, Ludovicus (*S. J.*), Catalaunensis.
Natus 10 Januar. 1667.
Denatus (Argent.) 26 Julii 1727.
Theol. Doct.
Rhetoricæ Professor in Universitate Mussipontana, 1696-1697.
Philosophiæ Professor in Universitate Mussipontana, 1704-1705.
Philosophiæ Professor in Universitate Mussipontana, 1706-1707.

Theologiæ scholasticæ Professor in Universitate episcopali, 1711-1718.

Loco E. Charron.

Cancellarius Universitatis episcopalis, 1718-1727.

Loco P. Flavet.

DÜNGEN, Wilhelmus (*S. J.*), Forchheim.

Natus 1627.
Denatus (Mogunt.) 4 Januar. 1695.
(?) Logicæ Professor in Academia Molshemiana, 1662-1663.

Loco N. Lares.

Physicæ Professor in Academia Molshemiana, 1663-1664.

(?) *Loco* N. Lares.

Metaphysicæ Professor in Academia Molshemiana, 1664-1665.

Loco N. Lares.

Theologiæ moralis Professor in Academia Molshemiana, 1667-1668.

Loco N. Hansler.

DUROSOY, Johannes Baptista (*S. J.*), Belfortens.

Natus 10 Februar. 1726.
Denatus (Belfort) 22 April. 1804.
Logicæ Professor in Universitate episcopali, 1760-1761.

Loco M. Zœpfel.

Physicæ Professor in Universitate episcopali, 1761-1762.

Loco M. Zœpfel.

Philosophiæ Professor in Universitate Mussipontana, 1762-1763.
Logicæ Professor in Universitate episcopali, 1763-1764.

Loco M. Zœpfel.

Logicæ Professor in Universitate episcopali, 1764-1765.

Loco J. B. Disberger.

DYHLIN, Bernhardus (*S. J.*). Badenens.

Natus 24 Junii 1693.
Denatus (Aschaffenburg.) 17 Januar. 1765.
Logicæ Professor in Academia Bambergensi, 1728-1729.
Physicæ Professor in Academia Bambergensi, 1729-1730.
Metaphysicæ Professor in Academia Bambergensi, 1730-1731.
Theologiæ moralis Professor in Schola Molshemiana, 1732-1734.

Loco B. Schœffer.

Theologiæ moralis Professor in Academia Bambergensi, 1735-1738.
Professor in Collegio Badensi, 1738.
Theologiæ Professor in Academia Fuldensi.

DYLENHEN, Antonius (*S. J.*), Naumburg.

Natus 12 April. 1701.
Denatus ante 1752.
Physicæ Professor in Schola Molshemiana, 1733-1734.

Loco J. Finck.

Logicæ Professor in Academia Bambergensi, 1735-1736.

Physicæ Professor in Academia Bambergensi, 1736-1737.
Metaphysicæ Professor in Academia Bambergensi, 1737-1738.

EDMUND, Paulus (*S. J.*), Lotharing.
Natus 2 Octob. 1664.
Denatus (Buckenheim.) 26 Maii 1733.
Rector Scholæ Molshemianæ, 22 Martii 1708-2 Junii 1711.
Loco L. Wedekind.
Rector Scholæ Molshemianæ, 1714-Junium 1718.
Loco W. Dreis.

EHRLEN, Johannes Fridericus, Argent. (B. C.).
Natus 3 Julii 1730.
Denatus (Griesbach) 20 August. 1775.
Phil. Doct., 29 April. 1751.
Jur. Doct., 30 April. 1767 (4 Maii 1757).
Juris Professor, 25 Julii 1760.
Loco J. M. Silberrad.

Instit. Imp. Prof. publ. ord., 1760.
Instit. Imp. & Juris Can. Prof. ord., 1770.

EHRMANN, Frédéric-Louis, de Strasbourg.
Né 17 Avril 1741.
Décédé 17 Février 1800.
Professeur de physique à l'Académie protestante.

EHRMANN, Jean-François, de Strasbourg.
Né 12 Février 1757.
Décédé 24 Septembre 1839.
Professeur de philosophie, 10 Septemb. 1789.
Docteur en droit (14 Mars 1782).
Professeur de philosophie morale à l'Académie protestante, 1804.
Professeur de droit ecclésiastique à l'Académie protestante.
Conseiller à la Cour d'appel de Colmar, 1811 à 1816.
Professeur de droit ecclésiastique au Séminaire protestant.

EHRMANN, Johannes Fridericus, Argent. (B. U.)
Natus 27 Junii 1739.
Denatus 29 Novemb. 1794.
Med. Doct., 23 Junii 1763. (7 Octob. 1762.)
Medicinæ Professor extraord., 19 Novemb. 1768.
Medicinæ Professor, 8 Martii 1782.

EIMER, Jodocus (*S. J.*), Ohmes-Hassiac.
Natus 29 Septemb. 1699.
Denatus (Mogunt.) 6 Septemb. 1780.
Theol. Doct.
Philosophiæ Professor in Academia Fuldensi, 1732-1734.
Physicæ Professor in Universitate Heidelbergensi, 1734-1737.
Scripturæ Sanctæ Professor in Schola Molshemiana, 1737-1738.
Minister Scholæ Molshemianæ, 1738.
Theologiæ Professor in Universitate Würzburgensi, 1743-1747.
Theologiæ dogmaticæ Professor in Academia Bambergensi, 1747-1748.

Dogmatum Professor in Universitate Würzburgensi, 1757.
Theologiæ scholasticæ et Juris canonici Professor in Schola Molshemiana, 1758-1761.
Loco I. Morlock.
Rector et Theologiæ Professor in Academia Moguntina, 1761.

Eisenmann, Georgius Henricus, Argent. (B. U.)
Natus 18 Novemb. 1693.
Denatus 16 Septemb. 1768.
Phil. Doct., 29 April. 1734.
Med. Doct., 27 April. 1719. (3 Novemb. 1717.)
Physices Professor, 6 Mart. 1733.
Medicinæ Professor, 6 Octob. 1734.
Loco H. A. Nicolai.

Physices & Matheseos Professor, 1733.
Anatomiæ & Chirurgiæ Professor, 1734.
Pathologiæ Professor, 1756.

Emmerich, Frédéric-Charles-Timothée, de Strasbourg.
Né 15 Février 1786.
Décédé 1 Juin 1820.
Professeur au Gymnase protestant, 1810-1819.
Professeur agrégé à l'Académie protestante, 1812.
Professeur à l'Académie protestante, 1819.
Portrait lithographié par Ch. A. Schuler.

Engelbrecht, Laurentius (*S. J.*), Gerlocurensis.
Natus 11 Junii 1721.
Denatus
Logicæ Professor in Schola Molshemiana, 1759-1760.
Loco B. Heyder.
Physicæ, Ethicæ & Metaphysicæ Prof. in Schola Molshemiana, 1760-1761.
Loco B. Heyder.

Erythræus, Valentinus, Lindaviens.
Natus 1521.
Denatus (Altorf) 29 Martii 1576.
Professor in Gymnasio.
Ethices Professor, 15 Februar. 1553.
Rector Universitatis Altorfianæ, 1575.

Espich, Jacobus Valentinus, Wittemberg. (B. U.)
Natus 26 Julii 1590.
Denatus 27 Septemb. 1651.
Med. Doct. (Basileæ), 29 Junii 1615.
Logices & Metaphysices Professor, 11 Septemb. 1633.
Loco D. Rixinger.
Ex Facultate philosophica Facultatis medicæ assistens, 1639.
Portrait par J. ab Heyden.

FABER, Johannes, Herbsleben-Thuring.
Natus
Denatus 31 August. 1596.
Theol. Doct.
Theologiæ Professor, 1581.

FABER, Johannes, Argent.
Natus 8 August. 1567.
Denatus 19 Maii 1623.
Theol. Licentiatus, 21 Septemb. 1591.
Theol. Doct.
Theologiæ Professor, 1593.

FABER, Johannes Heinricus, Argent. (B. U.)
Natus 10 Februar. 1697.
Denatus 26 Junii 1763.
Consul 1741, 1747 et 1753.
Scholarcha, 1742.

FABER, Philippus (*S. J.*), Hœfflingens.
Natus 2 Februar. 1635.
Denatus (Bamberg.) 30 Septemb. 1689.
Theol. Doct. (Mogunt.), 11 Septemb. 1685.
Logicæ Professor in Academia Molshemiana, 1668-1669.
Loco H. Gerard.
Physicæ Professor in Academia Molshemiana, 1669-1670.
Loco H. Gerard.
(?) Metaphysicæ Professor in Academia Molshemiana, 1670-1671.
Loco H. Gerard.
Logicæ Professor in Academia Bambergensi, 1671-1672.
Physicæ Professor in Academia Bambergensi, 1672-1673.
Metaphysicæ Professor in Academia Bambergensi, 1673-1674.
Theologiæ moralis Professor in Universitate Würzburgensi, 1682.
Pro-Cancellarius et Theologiæ scholasticæ Professor in Academia Molshemiana, 1686-1687.
Theologiæ scholasticæ Professor in Academia Bambergensi, 1687-1689.

FAGIUS (Büchlein), Paulus, Rheinzabern.
Natus 1504.
Denatus (Cambridge) 13 Novemb. 1549.
Theol. Doct.
Hebrææ linguæ Professor, 1542.
Abiit Cambridge, 1549.

Portrait signé R. B.
Portrait signé H. B.
Portrait par I. I. Haid, Augsbourg.

FAGNIER, Claudius Franciscus (*S. J.*), Metensis.
Natus 9 Martii 1690.
Denatus
Philosophiæ Professor in Universitate Mussipontana, 1722-1723.

Philosophiæ Professor in Universitate Mussipontana, 1724-1725.
Rector Collegii Lingonensis, 1738-1741.
Rector Collegii Augustodunensis, 1745-1748.
Rector Universitatis episcopalis, 1 Maii 1748-1 Decemb. 1751.
Loco D. Bernard.
Præpositus Provinciæ Campaniæ, 1751-1755.
Rector Universitatis Mussipontanæ, 1756-1759.
Rector Collegii Rhemensis, 1759-1762.
Sine officio, Metis, 1765-1766.

Fauchier, Ludovicus (*S. J.*)
Natus circa 1650.
Denatus (Argent.) 10 Maii 1690.
Logicæ Professor in Seminario episcopali, 1685-1686.
Loco F. Fortet.
Physicæ Professor in Seminario episcopali, 1686-1687.
Loco F. Fortet.
Theologiæ scholasticæ Professor in Seminario episcopali, 1687-1690.
Loco H. de Comitin.

Faust, Johannes, Argent. (B. U.)
Natus 22 Septemb. 1632.
Denatus 1 Julii 1695.
Theol. Doct., 8 Septemb. 1664. (25 August. 1664.)
Logices & Metaphys. Professor, 20 Julii 1658.
Theologiæ Professor, 4 Junii 1686.
Loco B. Bebel.

Faust, Johannes Fridericus, Argentin. (B. U.)
Natus 6 Novemb. 1699.
Denatus 26 August. 1769.
Consul 1748, 1754, 1760 et 1766.
Scholarcha, 1755.

Faust, Isaac, Argent. (B. U.)
Natus 10 Junii 1631.
Denatus 30 Novemb. 1702.
Theol. Doct., 5 Februar. 1661. (3 Junii 1659.)
Theologiæ Professor, 10 Septemb. 1661.
SS. Theol. Doct. ejusdemque Prof. publ. ord. & Convent. Eccl. Præses, 9 Februar. 1696.
Portrait par J. A. Seupel.
Portrait par J. A. Seupel, *jun.*

Febvre, Josephus Antonius (*S. J.*), Claravallensis, *prope* Baume-les-Dames.
Natus 30 April. 1689.
Denatus (Baume-les-Dames) 4 Julii 1768.
Logicæ Professor in Universitate episcopali, 1719-1720.
Loco P. Collignon.
Physicæ Professor in Universitate episcopali, 1720-1721.
Loco P. Collignon.

Logicæ Professor in Universitate episcopali, 1721-1722.
Loco P. Collignon.
Physicæ Professor in Universitate episcopali, 1722-1723.
Loco P. Collignon.
Logicæ Professor in Universitate episcopali, 1723-1724.
Loco P. Ruppen.
Physicæ Professor in Universitate episcopali, 1724-1725.
Loco P. Ruppen.
Logicæ Professor in Universitate episcopali, 1725-1726.
Loco J. Raussin.
Physicæ Professor in Universitate episcopali, 1726-1727.
Loco J. Raussin.
Juris canonici Professor in Universitate episcopali, 1727-1730.
Loco F. A. Grangier.
Theologiæ positivæ Professor in Universitate episcopali, 1730-1737.
Loco J. P. Ruppen.

FELTZ, Johannes Henricus, Kolbsheim.-Alsat. (B. U.)
Natus 22 Februar. 1665.
Denatus 30 Septemb. 1737.
Jur. Doct., 16 Februar. 1696. (16 Decemb. 1688.)
Juris Professor, 18 Novemb. 1695.

Instit. Imperial. & Juris publ. Prof. publ. ord., 1698.
Pandect. & Juris Can. Prof. publ. ord., 1704.

FERÆUS (Feray), Claudius, Normannus.
Natus
Denatus 4 Martii 1541.
Linguæ græcæ Professor, circa 1538.

FERBER, Johannes Jacobus, Argent. (B. U.)
Natus 13 Decemb. 1682.
Denatus 14 Februar. 1717.
Theol. Doct., 2 Julii 1716. (18 Maii 1716.)
Theologiæ Professor extraord., Septemb. 1715.

Philos. Doct., Professor extraordin. & Ecclesiastes, 1715.

FERBER, Nicolaus, Argent. (B. U.)
Natus 6 Decemb. 1576.
Denatus 1 Martii 1651.
Philos. Doct. 1603.
Græcæ linguæ Professor, 1609.
Loco M. Bosch.

FERRIS, Mauritius de
Natus 1729.
Denatus 1805.
Theol. Doct.
Theologiæ Professor in Universitate episcopali.

Chanoine titulaire de la Cathédrale, 1804.

Theol. Doct. & Professor, Canonicus Capituli Neovillaris, Summi Chori Cathed. Eccles. Argent. Præbend., 1770.

FIGULUS, Sebastianus, Landav.
Natus
Denatus
Theologiæ Professor extraordinar., 5 Maii 1577.

FIMBERGER, Nicolaus (*S. J.*), Bodenheim.-Hassiac.
Natus 18 Januar. 1688.
Denatus post 1752 et ante 1766.
(?) Theologiæ moralis Professor in Schola Molshemiana, 1725-1726.
Loco H. Reeb.
Polemicæ Professor in Schola Molshemiana, 1726-1727.
Loco A. Hœglein.
Scripturæ Sanctæ Professor in Academia Bambergensi, 1743-1745.
Superior Residentiæ Wetzlarianæ, 1745.

FINCK, Josephus (*S. J.*), Neustad.-Speyerbach.-Bavar.
Natus 29 Februar. 1699.
Denatus 2 Februar. 1747.
Logicæ Professor in Schola Molshemiana, 1731-1732.
Loco J. Koch.
Physicæ Professor in Schola Molshemiana, 1732-1733.
Loco J. Koch.

FISCHER, Johannes, *vide* PISCATOR.

FISCHER, Nicolaus (*S. J.*), Dudenheim.-Spirens.
Natus
Denatus (Molsheim.) 1 Februar. 1659.
Logicæ Professor in Academia Molshemiana, 1657-1658.
Loco L. Rodenbach.
Physicæ Professor in Academia Molshemiana, 1658-1659.
Loco P. Rodenbach.

FISCHER, Pancratius (*S. J.*), Bamberg.
Natus 15 August. 1692.
Denatus 5 Februar. 1726.
Theol. Doct. (Bamberg.), 8 Februar. 1707.
Sanctæ Scripturæ et Theologiæ polemicæ Professor in Schola Molshemiana, 1701-1702.
Loco J. Kühhorn.
Scholasticæ Professor in Schola Molshemiana, 1702-1706.
Loco J. Heckmann.
Theologiæ dogmaticæ Professor in Academia Bambergensi, 1706-1708.
Theologiæ Professor in Noviciatu Esslingensi, 1708.

Præfectus spiritualis Scholæ Molshemianæ, 15 Julii 1717-1718.
Juris canonici Professor in Academia Bambergensi, 1723-1724.
Præfectus Spiritus in Academia Heiligenstadiensi, 1724.

FLACH, Sigismundus, Argent.
Natus 10 Martii 1599.
Denatus 5 Decemb. 1629.
Jur. Doct. 1624. (5 Julii 1624.)
Juris Professor, 17 Maii 1625.

J. U. D. & Instit. Prof. ord., 1626.

FLAVET, Petrus (*S. J.*), Altissiodorensis.
Natus 29 Septemb. 1642.
Denatus (Argent.) 15 Julii 1718.
Theol. Doct.
Theologiæ scholasticæ Professor in Seminario episcopali, 1699-1701.

Loco P. Dorigny.

Theologiæ scholasticæ Professor et Præfectus Scholarum superiorum in Universitate episcopali, 1701-1702.
Theologiæ scholasticæ Professor et Cancellarius in Universitate episcopali, 1702-1714.
Cancellarius Universitatis episcopalis, 1714-1718.

FLEGEL, Petrus.
Natus
Denatus 1564.
Hebrææ linguæ Professor, 1558.

FLORENCE, Aloïse, de Munster (Haut-Rhin).
Né 21 Juin 1842.

Docteur en théologie.
Professeur au Grand Séminaire catholique, Octobre 1866.
Vicaire à Saint-Pierre-le-Jeune et à Saint-Louis, 1870.
Précepteur, 1872-1876.
Professeur d'Écriture sainte à la Faculté de théologie catholique de Lille.

FLORUS, Marcus, Argent.
Natus 30 Januar. 1567.
Denatus 20 Junii 1626.
Philosophiæ practicæ Professor, 1600.
Eloquentiæ Professor, 1604.

Loco M. Junius.

FLORUS, Nicolaus, Gothæ-Thuring.
Natus 1525.
Denatus 31 Januar. 1596.
Theol. Doct.
Theologiæ Professor, 1573.

Loco M. Speccer.

FLORY, Ignatius (*S. J.*), Molshemens.
Natus 5 August. 1693 (*vel* 1692).
Denatus (Hagenoæ) 12 Martii 1757.
Minister Scholæ Molshemianæ, 1727.
Logicæ Professor in Schola Molshemiana, 1727-1728.
Loco J. Schweighæuser.
Physicæ Professor in Schola Molshemiana, 1728-1729.
Loco J. Schweighæuser.
Rector Scholæ Molshemianæ, Decemb. 1732-2 April. 1736.
Loco I. Michel.
Rector Scholæ Molshemianæ, 9 Novemb. 1749-16 Januar. 1753.
Loco J. Schweighäuser.

FONTIUS, Bartholomæus, Venetus.
Natus
Denatus
Theologiæ Professor, 1533-1534.

FORTET, Franciscus (*S. J.*), ex Gallia.
Natus
Denatus (Caen) 21 Octob. 1726.
Logicæ Professor in Seminario episcopali, 1684-1685.
Physicæ Professor in Seminario episcopali, 1685-1686.
Loco J. Gratien.

FRANCK, Philippus Jacobus, Argentin. (B. U.)
Natus 17 Novemb. 1715.
Denatus 12 Septemb. 1780.
Consul 1767, 1773 et 1779.
Scholarcha, 23 Decemb. 1769.

FRANTZ, Johannes Joachim, Argentin. (B. U.)
Natus 12 Januar. 1626.
Denatus 29 April. 1697.
XIII Vir, 1684.
Scholarcha, 1691.

FRANTZ, Jean, de Bischwiller.
Né Août 1760.
Décédé 14 Décembre 1818.
Docteur en philosophie 26 Septembre 1786 (23 Février 1786).
Docteur en droit (1 Mars 1787).
Professeur de Code civil français ainsi que de droit public et germanique à l'École puis Faculté de droit, 26 Mars 1806 au 14 Décembre 1818.
Professeur suppléant d'histoire et de droit ecclésiastique à l'Académie protestante, 28 Mars 1807.
Professeur d'histoire et de droit ecclésiastique à l'Académie protestante.

FRID, Johannes Fridericus, Argent. (B. U.)
Natus 4 April. 1708.
Denatus 1794.

Phil. Doct. 8 Novemb. 1736.
Jur. Doct. (28 Maii 1731.)
Poëseos Professor, 12 Decemb. 1735.
Philosophiæ practicæ Professor, 26 Februar. 1743.

J. U. D., Discipl. moral. Prof. publ. ord., 1762.
J. U. D., Juris nat. & Discipl. moral. Prof. publ. ord., 1770.

FRIDERICI, Johannes Reinboldus, Argentin. (**B. U.**)
Natus 14 Decemb. 1656.
Denatus 13 Julii 1727.
Consul 1697, 1703, 1709, 1715, 1721 et 1727.
Scholarcha, 3 Julii 1697.

FRINDEL, François-Antoine, d'Oberschæffolsheim (Bas-Rhin).
Né 9 Août 1762.
Décédé (Hindisheim) 27 Avril 1815.
Religieux de l'Ordre de Saint-Benoît à Marmoutiers.
Professeur de philosophie et Directeur au Grand Séminaire catholique, 1807-1810.
Curé à Hindisheim, 1811.

FRINGS, Johannes (*S. J.*), Coblenz.
Natus 2 Octob. 1666.
Denatus (Dresdæ) 18 August. 1736.
Logicæ Professor in Schola Molshemiana, 1701-1702.
Loco A. Haydt.
Physicæ Professor in Schola Molshemiana, 1702-1703.
Loco A. Haydt.
Theologiæ Professor in Collegio Fuldensi.
Theologiæ moralis Professor in Academia Bambergensi, 1713-1715.
Theologiæ Professor in Academia Aschaffenburgensi, 1715.

FRITSCH, Jean-Baptiste, de Zeinheim (Bas-Rhin).
Né 15 Septembre 1798.
Décédé (Neudorf-Strasbourg) 17 Février 1879.
Directeur du Grand Séminaire catholique, 1821-1832.
Directeur des Sœurs de la Providence, 1832-1849.
Chanoine honoraire de la Cathédrale, 1844.
Curé de Saar-Union, 1850-1854.

FRITSCH, Jean-Thiébaut-Michel, de Zeinheim (Bas-Rhin).
Né 16 Septembre 1787.
Décédé (Schlestadt) 6 Octobre 1867.
Professeur au Grand Séminaire catholique, 1810.
Curé de Rouffach, 1819.
Curé de Saint-Georges à Schlestadt, 1828.

FRITZ, Charles-Maximillien, de Strasbourg.
Né 7 Octobre 1758.
Décédé 14 Janvier 1821.
Docteur en philosophie (14 Septembre 1782).

Professeur agrégé de dogmatique et de théologie pratique à l'Académie protestante, 1805.
Professeur suppléant de dogmatique et de théologie pratique à l'Académie protestante, 28 Mars 1807.
Professeur de dogmatique et de théologie pratique à l'Académie protestante, 13 Novembre 1813.
Professeur à la Faculté de théologie, 1819.
Directeur du Gymnase protestant, 1809-1821.

FRITZ, Théodore, de Barr.
Né 13 Juin 1796.
Décédé 27 Mars 1864.
Docteur en théologie, 3 Septembre 1825.
Professeur suppléant au Séminaire protestant, 1821.
Professeur de langues orientales au Séminaire protestant, 21 Novembre 1826.
Professeur d'exégèse à la Faculté de théologie, 19 Octobre 1832.
Loco J. G. Dahler.

FRŒREISEN, Johannes Leonhard., Argent. (B. U.)
Natus 2 August. 1629.
Denatus 24 Novemb. 1690.
Consul 1679 et 1685.
Scholarcha, 21 Octob. 1679.
Portrait par J. A. Seupel.

FRŒREISEN, Johannes Leonhardus, Breuschwickersheim-Alsat. (B. U.)
Natus 9 Maii 1694.
Denatus 13 Januar. 1761.
Theol. Doct. 26 Junii 1727. (16 Maii 1727.)
Theologiæ Professor 8 Decemb. 1724.
Loco J. D. Pfeffinger.

Theol. Doct. & Prof. ac Convent. eccles. Præses, 26 Junii 1728.
Portrait par P. J. Lutherbourg.

FRŒREISEN, Isaac, Argent. (B. U.).
Natus 27 Januar. 1590.
Denatus 13 Junii 1632.
Theol. Doct. (Tubingæ), 1620.
Theologiæ Professor, 1620.

SS. Theol. Doct., Professor ord. & Ecclesiastes, 1621.
Portrait par I. Brunn. 1630.
Portrait par I. ab Heyden. 1631.
Portrait par L. Kilian. 1630.

FUESS, François-Joseph, de Zillisheim (Haut-Rhin).
Né 30 Octobre 1815.
Décédé (Hirsingue) 28 Avril 1878.
Professeur de morale au Grand Séminaire catholique, 1850.
Loco J. B. Burg.

Curé de Cernay, 1866.
Curé de Hirsingue, 1869.

Gallade, Petrus (*S. J.*), Lorquin.-Lothar.
Natus 4 Septemb. 1708.
Denatus (Bamberg.) 29 Novembr. 1780.
Theol. Doct. (Heidelberg.)
Logicæ Professor in Academia Bambergensi, 1747-1748.
Physicæ Professor in Academia Bambergensi, 1748-1749.
Theologiæ scholasticæ et Juris canonici Professor in Schola Molshemiana, 1753-1754.
Loco P. Bauer.
Juris canonici Professor in Universitate Heidelbergensi, 1754-1769.
Rector Academiæ Bambergensis, 8 Junii 1769-Martio 1772.

Gambs, Johannes Sebastianus, Argent. (B. U.)
Natus 14 Januar. 1621.
Denatus 24 Januar. 1658.
Jur. Doct., 24 Junii 1647. (Martio 1644.)
Historiarum Professor, 1649.
Juris Professor, 29 Mart. 1654.

Phil. & U. J. D., Historiarum ac Eloquent. Prof. publ., 1649.

Gambs, Paulus Gothofredus, Argent. (B. U.)
Natus 9 Decemb. 1702.
Denatus (Dorlishem.) 19 Octob. 1768.
Consul 1756, 1762 et 1768.
Scholarcha, 1 August. 1763.

Gaucher, Carolus (*S. J.*), Calvomontanus.
Natus 27 Septemb. 1674.
Denatus (Dijon) 19 Januar. 1730.
Theol. Licent.
Theologiæ moralis Professor in Universitate episcopali, 1711-1712.
Loco G. Oudinet.
Theologiæ moralis Professor in Universitate Mussipontana, 1712-1713.
Theologiæ scholasticæ Professor in Universitate episcopali, 1713-1714.
Loco P. Flavet.
Theologiæ scholasticæ Professor in Universitate Mussipontana, 1714-1722.

Gauthier, Carolus (*S. J.*), Tignécourt (Vosges).
Natus 10 Septemb. 1690.
Denatus (Tignécourt) 18 Maii 1770.
Theologiæ scholasticæ Professor in Universitate Mussipontana, 1729-1738.
Rector Novitiatus Nanceiani, 1738-1741.
Rector Collegii Divionensis, 1745-1747.
Præpositus Provinciæ Campaniæ, 1747-1751.

Rector Universitatis episcopalis, 1 Decemb. 1751-2 Septemb. 1756.

Loco C. F. Fagnier.

Rector Collegii Rhemensis, 1756-1759.
Rector Collegii Divionensis, 1759-1763.
Sine officio, Mussiponti, 1764-1768.

GEIGER, Johannes Antonius (*S. J.*), Heidelbergens.
Natus 28 Januar. 1698.
Denatus (Molsheim.) 16 August. 1752.
(?) Theologiæ Professor in Schola Molshemiana.

GEIGER, Johannes Antonius Xaverius (*S. J.*), Buxovill.
Natus 2 Februar. 1715.
Denatus (Neuwiller) 1785.
Theol. Doct.
Philosophiæ Professor in Universitate Mussipontana, 1749-1750.
Theologiæ scholasticæ Professor in Universitate Mussipontana, 1750-1757.
Theologiæ scholasticæ Professor in Universitate episcopali, 1757-1763.

Loco G. Schoffit.

Cancellarius Universitatis episcopalis, 1763-1765.

Loco C. M. Adam.

GEIGER, Josephus (*S. J.*), Heidelberg.
Natus 17 Novemb. 1700.
Denatus 18 Februar. 1744.
Logicæ Professor in Schola Molshemiana, 1733-1734.

Loco B. Hagner.

Physicæ Professor in Schola Molshemiana, 1734-1735.

Loco A. Dylenhen.

GEMER, Nicolaus (*S. J.*), Hochheim.-Hassus.
Natus 1635.
Denatus (Mogunt.) 28 Martii 1693.
Physicæ Professor in Academia Molshemiana, 1671-1672.

GENINET, Nicolaus (*S. J.*), Spinalens.
Natus 6 (*vel* 11) Decemb. 1656.
Denatus (Epinal) 3 Februar. 1723.
Physicæ Professor in Collegio Calvomontano, 1695-1696.
Logicæ Professor in Seminario episcopali, 1697-1698.

Loco J. J. Petitdidier.

Theologiæ moralis Professor in Seminario episcopali, 1698-1699.

Loco C. Brulon.

Theologiæ moralis Professor & Director Seminarii in Universitate Mussipontana, 1700-1709.
Superior Residentiæ Sammiellanæ, 1711-1716.
Præfectus Spiritus in Collegio Spinalensi, 1722-1723.

GEOFFROY, Petrus (*S. J.*), Dunensis, Diœc. Rhemensis.
Natus 7 August. 1654.
Denatus (Metz) 29 Octob. 1731.
Theologiæ moralis Professor in Seminario episcopali, 1693-1694.
Loco F. de La Chapelle.
Juris canonici Professor in Seminario episcopali, 1694-1698.
Loco F. Mouleto.
Rector Collegii Senonensis, 1698-1701.
Rector Collegii Carolopolitani, 1708-1711.
Rector Collegii Catalaunensis, 1715-1718.
Rector Collegii Ensisheimensis, 1719-1721.
Rector Collegii Augustodunensis, 1722-1725.
Rector Collegii Sedanensis, 1728-1729.

GEORGII, Johannes (*S. J.*), Lotharing.
Natus
Denatus (Molsheim.) 13 Martii 1657.
Theologiæ Doctor.
Theologiæ scholasticæ Professor in Academia Molshemiana, 1626-1631.

GEORGIA, Jacobus (*S. J.*), Morley (Meuse)
Natus 19 Septemb. 1711.
Denatus (Nancy) 17 Junii 1767.
Logicæ Professor in Universitate episcopali, 1745-1746.
Loco V. Neef.
Physicæ Professor in Universitate episcopali, 1746-1747.
Loco V. Neef.
Theologiæ scholasticæ Professor in Universitate episcopali, 1747-1760.
Loco M. Croust.

GÉRARD, Adam (*S. J.*), Mogunt.
Natus 1 April. 1626.
Denatus (Molsheim.) 29 Septemb. 1672.
Theologiæ moralis Professor in Academia Molshemiana, 1668-1669.
Loco W. Düngen.

GÉRARD, Henricus (*S. J.*), Pfalzburg.
Natus 1635.
Denatus (Erfurt) 26 Julii 1707.
Logicæ Professor in Academia Molshemiana, 1667-1668.
Loco A. Kraushaar.
Physicæ Professor in Academia Molshemiana, 1668-1669.
Loco A. Kraushaar.
(?) Metaphysicæ Professor in Academia Molshemiana, 1669-1670.
Loco A. Kraushaar.
Theologiæ moralis Professor in Academia Molshemiana, 1672-1674.

Theologiæ scholasticæ Professor in Academia Molshemiana, 1674-1675.
Theologiæ Professor in Academia Bambergensi, 1678-1679.
Loco N. Intz.

GERBELIUS, Nicolaus, Pforzheimens.
Natus
Denatus 20 Januar. 1560.
Jur. Doct. (Bologna).
Historiarum Professor, 1541.

GERBER, Franciscus Josephus, Eichhoffens.-Alsat.
Natus 1741.
Denatus 29 Novemb. 1805.
Theol. Doct.
Jur. Can. Doct.
Philosophiæ Professor in Universitate episcopali, 17..-1780.
Theologicæ scholasticæ Professor in Universitate episcopali, 1780-1781.
Professeur de théologie au Grand Séminaire catholique, 1802.
Chanoine honoraire de la Cathédrale, 1803.

GERICH, Adam (*S. J.*), Crausheim.
Natus 23 Septemb. 1683.
Denatus (Ettlingen) 24 Septemb. 1733.
Logicæ Professor in Schola Molshemiana, 1716-1717.
Loco N. Hœhn.
Physicæ Professor in Schola Molshemiana, 1717-1718.
Loco N. Hœhn.

GERTNER, Michael (*S. J.*), Molsheim.
Natus 18 (*vel* 8) Septemb. 1692.
Denatus (Molsheim.) 27 Februar. 1759
Logicæ Professor in Schola Molshemiana, 1725-1726.
Loco F. Stang.
Physicæ Professor in Schola Molshemiana, 1726-1727.
Loco F. Stang.
Minister Scholæ Molshemianæ, 1727-1728.
Polemicæ Professor in Schola Molshemiana, 1728-1730.
Loco J. Bægert.
Minister Scholæ Molshemianæ, 1730-1731.
Theologiæ scholasticæ Professor in Schola Molshemiana, 1730-1737.
Loco A. Hoeglein.
Theologiæ scholasticæ Professor in Schola Molshemiana, 1738-1741.
Loco U. Munier.
Rector Scholæ Molshemianæ, 1743-1746.
Loco I. Michel.
Rector Scholæ Molshemianæ, 14 Decemb. 1756-? 27 Februar. 1759.
Loco P. Wolff.

GILBERT, Ludovicus Mauritius (*S. J.*), Delain (*vel* Delle).
Natus 18 Maii 1674.
Denatus (Argent.), 29 Octob. 1752.
Logicæ Professor in Universitate episcopali, 1715-1716.
Loco A. Grangier.
Physicæ Professor in Universitate episcopali, 1716-1717.
Loco A. Grangier.
Logicæ Professor in Universitate episcopali, 1717-1718.
Loco P. Collignon.
Physicæ Professor in Universitate episcopali, 1718-1719.
Loco P. Collignon.
Physicæ Professor in Collegio Ensishemensi, 1722-1723.
Confessarius in Universitate Argentoratensi, 1746-1752.

GILLET, Mathæus (*S. J.*), Rhemensis.
Natus 10 Novemb. 1639.
Denatus (Châlons-sur-Marne) 15 Februar. 1703.
Physicæ Professor in Seminario episcopali, 1690-1691.
Loco N. Maucervel.
Logicæ Professor in Seminario episcopali, 1692-1693.
Loco I. Dauburtin.
Physicæ Professor in Seminario episcopali, 1693-1695.
Loco F. Colinet.
Logicæ Professor in Seminario episcopali, 1695-1696.
Loco J. J. Petitdidier.
Physicæ Professor in Seminario episcopali, 1696-1697.
Theologiæ moralis Professor in Universitate Mussipontana, 1697-1699.

GIPHANIUS, Obertus (Hubert von Giffen), Büren-Gueldr.
Natus 1534.
Denatus (Pragæ) 1604.
Jur. Doct. (Orléans), 1567.
Juris Professor, 1572.
Loco L. Tuppius.
Abiit Altorfium 1584.

GISENIUS, Johannes, Dissen-Soest-Westph.
Natus 1577.
Denatus (Lemgo) 6 Maii 1658.
Theol. Doct. (Gissæ).
Theologiæ Professor, 27 Septemb. 1619.
Loco J. Taufrer.
Abiit Rintelium 1621.
Portrait par J. ab Heyden. 1621.

GLASER, Philippus, Argent.
Natus 23 Septemb. 1554.
Denatus 1 August. 1601.
Jur. Doct. (Basil.).
Præceptor in Gymnasio, 1575.

Poëseos et Linguæ græcæ Professor, 1589.
Historiarum Professor, 1591.

Loco J. Pappus.

Pandectarum Professor, 1600.

Portrait par J. ab Heyden. 1631.
Portrait non signé. 1601.
Portrait non signé.

GLOCCERUS, Jacobus.
Natus
Denatus 30 April. 1566.
Theol. Doct.
Theologiæ Professor, 1553.

GNADT, Herrmann (*S. J.*), Schaken.-Boruss.
Natus 1612.
Denatus ante 1678.
Theol. Doct. (Bamberg.), 2 Septemb. 1648.
Theologiæ Professor in Academia Bambergensi, 1648-1652.
Theologiæ Professor in Academia Fuldensi, 1652.
Theologiæ moralis Professor in Academia Molshemiana, 1654-1655.

GNILIUS, Johannes Andreas, Argent. (B. U.)
Natus 15 Novemb. 1694.
Denatus 17 August. 1741.
Theol. Doct., 1 Octob. 1733. (26 August. 1733.)
Præceptor in Gymnasio, 1720.
Theologiæ Professor, 6 Junii 1731.

SS. Theol. Prof. publ. ord. & Ecclesiastes, 1737.

GOBEL, Ildephonsus (*Ord. S. Bened.*).
Natus 1731.
Denatus 1819.
Theologiæ Professor in Aprimonasterio.
Facultati theologicæ Aggregatus in Universitate episcopali, 1761.

GŒHAUSEN, Samuel (*S. J.*), Westphalus.
Natus 1655.
Denatus post 1720 (?).
Logicæ Professor in Academia Molshemiana, 1686-1687.
Loco M. Chappuis.
Physicæ Professor in Academia Molshemiana, 1687-1688.
Loco M. Chappuis.

GŒLTGENS, Ricquinus (*S. J.*), Emmerich.-Rhenan.
Natus 10 Decemb. 1594.
Denatus (Molsheim) 1671.
Philosophiæ Professor in Universitate Heidelbergensi, 1629.
Rector Collegii Bambergensis, 29 April.-31 August. 1648.
Rector Academiæ Bambergensis, 1 Septemb. 1648-4 Maii 1651.
Concionator in Ecclesia cathedrali Spirensi, 1652.

Rector Academiæ Würzburgensis.
Præpositus Provinciæ Rheni Superioris, 1660-1663.
Rector Academiæ Molshemianæ, 1663-1666.

Loco P. Deumer.

GOEPFFERT, Georgius (*S. J.*), Episcop.
Natus 8 Septemb. 1635.
Denatus (Würzburg.) 14 Decemb. 1704.
Theol. Doct. (Bamberg.), 10 Januar. 1680.
Philosophiæ Professor in Universitate Würzburgensi, 1673.
Theologiæ Professor in Academia Bambergensi, Novemb. 1677-1681.
Theologiæ scholasticæ Professor in Universitate Würzburgensi, 1681-1682.
Cancellarius et Theologiæ Professor in Academia Bambergensi, 1682-1687.
Theologiæ scholasticæ Professor in Academia Molshemiana, April. 1687.
Theologiæ Professor in Academia Bambergensi, 1696-April. 1700.
Theologiæ Professor in Academia Fuldensi, 1700.

GOLIUS, Theophilus, Argent.
Natus 1528.
Denatus 13 April. 1600.
Præceptor in Gymnasio, 1548.
Ethicæ Professor.
Logices & Metaphys. Professor, 21 Julii 1572.

GOLIUS, Theophilus, Argent.
Natus Novemb. 1561.
Denatus Februar. 1611.
Jur. Doct. (Basil.), 1589.
Ethicæ Professor, 1590.

Loco Th. Golius senior.

GONTHIER, Johannes Franciscus, *vide* GUINTHERUS.

GOTHOFREDUS, Dionysius, Parisiensis.
Natus 17 Octob. 1549.
Denatus (Argent.) 7 Septemb. 1622.
Juris Professor, 1 Maii 1591.

Abiit Heidelbergam, 1600.
Rediit Novemb. 1601.
Abiit iterum Heidelbergam, 1604.

Portrait par I. ab Heyden. 1621.
Portrait par P. Aubry.
Portrait non signé. (? H. B.)

GOTTESHEIM, Fridericus à, Argentin.
Natus 1506.
Denatus 3 Februar. 1581.
XIII vir, 1551.
Scholarcha, 1553.

GOUFFIER, Johannes (*S. J.*), Divionensis.
Natus 12 Julii 1684.
Denatus (Argent.) 7 Martii 1731.
Physicæ Professor in Seminario episcopali, 1698-1699.
Loco J. J. Petididier.
Physicæ Professor in Seminario episcopali, 1700-1701.
Juris canonici Professor in Universitate episcopali, 1703-1716.

GOURIOT, Franciscus (*S. J.*), Chaumont.
Natus 1 August. 1670.
Denatus (Chaumont) 10 Januar. 1747.
Logicæ Professor in Universitate episcopali, 1702-1703.
Loco G. Thiroux.
Physicæ Professor in Universitate episcopali, 1703-1704.
Loco G. Du Bourg.
Philosophiæ Professor in Universitate Mussipontana, 1708-1709.
Theologiæ moralis Professor in Universitate Mussipontana, 1709-1712.

GRANGIER, Franciscus Antonius (*S. J.*), Friburg.-Helvet.
Natus 4 Septemb. 1678.
Denatus (Ensisheim.) 11 April. 1750.
Theol. Doct.
Logicæ Professor in Universitate episcopali, 1710-1711.
Loco L. Prevost.
Physicæ Professor in Universitate episcopali, 1711-1712.
Loco L. Prevost.
Logicæ Professor in Universitate episcopali, 1712-1713.
Loco H. Schiltz.
Physicæ Professor in Universitate episcopali, 1713-1714.
Loco H. Schiltz.
Logicæ Professor in Universitate episcopali, 1714-1715.
Loco H. Schiltz.
Physicæ Professor in Universitate episcopali, 1715-1716.
Loco H. Schiltz.
Juris canonici Professor in Universitate episcopali, 1716-1726.
Loco J. Gouffier.
Scripturæ Sanctæ Professor in Universitate episcopali, 1726-1727.
Loco G. Robinet.
Rector Collegii Ensisheimensis, 1731-1735.

GRATIEN, Johannes (*S. J.*), Stenacensis.
Natus 29 August. 1649.
Denatus (Argent.) 26 Januar. 1690.
Logicæ Professor in Collegio Nanceiano, 1681-1682.
Philosophiæ Professor in Seminario episcopali, 1683-1684.
Physicæ Professor in Seminario episcopali, 1684-1685.
Casuisticæ Professor in Seminario episcopali, 1687-1688.

Grasseccius, Paulus, Argent.

Natus 25 Januar. 1562.
Denatus 13 Martii 1603.
Jur. Doct. (Basil.), 11 Junii 1588.
Juris Professor, 1588.
Pandectarum Professor, 1600.
Loco D. Gothofredus.

Grauel, Johannes Philippus, Argent. (B. U.)

Natus 13 Novemb. 1711.
Denatus 29 Novemb. 1761.
Med. Doct., 19 Junii 1738. (9 April. 1738.)
Physices Professor, 25 Maii 1741.
Loco J. G. Schertz.

Gros, Benedictus, Argent. (B. U.)

Natus 12 August. 1599.
Denatus 19 August. 1647.
Theol. Licent., 20 Maii 1640.
Græcæ & Hebrææ linguæ Professor, Decemb. 1625.
Loco F. Blanckenburg.
Theologiæ Professor, 1644.

Gruber, Antonius (*S. J.*), Eichstadiens.-Bavar.

Natus 2 August. 1679.
Denatus (Heiligenstad.) 22 Maii 1733.
Theologiæ moralis Professor in Schola Molshemiana, 1716-1718.
Loco H. Schlinck.
Minister Scholæ Molshemianæ, 1717.

Guerber, Victor, de Reichshoffen (Bas-Rhin).

Né 12 Novemb. 1811.

Professeur d'éloquence sacrée, de catéchèse et de pédagogie au Grand Séminaire catholique, 1842.
Curé à Littenheim, 1849.
Curé à Truchtersheim, 1851.
Curé de Saint-Georges à Haguenau, 1855.
Démissionnaire en 1883.
Chanoine honoraire de la Cathédrale.

Guillaume, Christophorus (*S. J.*), Chaumont.

Natus 22 April. 1641.
Denatus (Mussiponti) 6 April. 1713.
Theologiæ positivæ Professor in Seminario episcopali, 1687-1688.
Theologiæ scholasticæ Professor in Seminario episcopali, 1689-1690.
Theologiæ scholasticæ Professor in Universitate Mussipontana, 1690-1696.
Cancellarius Universitatis Mussipontanæ, 1700-1705.
Cancellarius Universitatis Mussipontanæ, 1711-1713

GUINTHERUS (Gonthier), Johannes Franciscus, Andernacens. - Rhenan.
Natus 1487.
Denatus 4 Novemb. 1574.
Physices Professor.
Medicinæ Professor.

Medicinæ & Physices Professor, 1556.
Portrait par de Bry.

GUMMERSBACH, Johannes (*S. J.*)
Natus
Denatus
Mathematum Professor in Academia Molshemiana, 1622 - 1623.

GUTZEIT, Franciscus Antonius, Maurimonast. - Alsat.
Natus 1735.
Denatus 1806.
Theol. Doct.
Philosophiæ Professor in Universitate episcopali.
Theologiæ Professor in Universitate episcopali, 1769 - 1790.

Theol. & Philos. Professor, 1769.

GYSS.
Natus
Denatus
Theol. Licent.
Professor in Seminario episcopali, 1787 - 1790.

HAAN, Conrad (*S. J.*), Selestadiens.
Natus 7 Octob. 1660.
Denatus (Molshem.) 3 Junii 1738.
Logicæ Professor in Academia Molshemiana, 1696 - 1697.
Loco F. Straulin.
Physicæ Professor in Academia Molshemiana, 1697 - 1698.
Loco A. Hochaus.
Vice-Rector Scholæ Molshemianæ, 22 Novemb. 1722 - 18 August. 1723.
Loco N. Reeb.

HACQUEBAUT, Jacobus (*S. J.*), Heidelberg.
Natus 2 Februar. 1717.
Denatus post 1766.
Logicæ Professor in Schola Molshemiana, 1746 - 1747.
Loco M. Kretz.
Physicæ, Ethicæ & Metaphysicæ Professor in Schola Molshemiana, 1747 - 1748.
Loco M. Kretz.

HAFFNER, Isaac, Argent. (B. U.)
Natus 4 Decemb. 1751.
Denatus 27 Maii 1831.
Phil. Doct., 26 Septemb. 1782.

Theol. Doct. (10 August. 1784.)
Docteur en théologie (Halle), 8 Avril 1819.
Theologiæ Professor 26 Junii 1788.
Professeur de théologie à l'Académie protestante.
Professeur de dogmatique à la Faculté de théologie, 1821.
Loco C. M. Fritz.

Portrait lithographié par J. D. Beyer.
Portrait lithographié par Ch. A. Schuler.
Portrait lithographié, non signé. Simon.

Hagner, Bartholomæus (*S. J.*), Ubstatt-Palatin.
Natus 23 Septemb. 1697.
Denatus (Molshem.) 3 Maii 1733.
Logicæ Professor in Schola Molshemiana, 1732-1733.
Loco J. Finck.

Hammerer, Johannes Fridericus, Argentin. (B. S.)
Natus 21 Julii 1690.
Denatus 11 Decemb. 1754.
Consul, 1738, 1744 et 1750.
Scholarcha 20 Julii 1743.

Hang, Arnoldus (*S. J.*)
Natus
Denatus
Metaphysicæ Professor in Academia Molshemiana, 1619-1620.

Hanser, Jean, de Sainte-Croix-en-Plaine (Haut-Rhin).
Né 3 Janvier 1796.
Décédé 16 Décemb. 1857.
Professeur au Grand Séminaire catholique, 1829-1847.
Chanoine honoraire de la Cathédrale, 1835.
Chanoine titulaire de la Cathédrale, 1847.

Hansler, Nicolaus (*S. J.*), Treviran.
Natus 26 Maii 1596.
Denatus (Molshem.) 12 Maii 1671.
Theol. Doct.
Theologiæ moralis Professor in Academia Molshemiana, 1628-1631.
Loco P. Dietz.
Theologiæ scholasticæ Professor in Collegio Bambergensi, 1647-1648.
Theologiæ moralis Professor in Universitate Würzburgensi, 1652.
Theologiæ scholasticæ Professor in Academia Molshemiana, 1657-1662.
Theologiæ moralis Professor in Academia Molshemiana, 1663-1667.
Loco M. Schönmann.

Hardy, Franciscus (*S. J.*), Moguntin.
Natus
Denatus (Molshem.) 1741.
Theologiæ Doctor

Theologiæ scholasticæ Professor in Schola Molshemiana, 1738-1741.

Loco P. Harrings.

Harlass, Georgius (*S. J.*), Bamberg.

Natus 1614.
Denatus 1 Julii 1699.
Theol. Doct. (Bamberg.), 3 Septemb. 1665.
Mathematum Professor in Universitate Würzburgensi, 1652-1655.
Theologiæ moralis Professor in Academia Molshemiana, 1656-1657.

Loco C. Soll.

Theologiæ moralis Professor in Academia Bambergensi, 1657-1658.
Theologiæ Professor in Academia Bambergensi, 1662-1667.
Cancellarius & Scripturæ Sanctæ Professor in Academia Molshemiana, 1667-1669.

Loco P. Richard.

Harrings, Paulus (*S. J.*), Ober-Wesel.-Rhenan.

Natus 27 Octob. 1692.
Denatus (Molshem.) 11 Januar. 1752.
Theol. Doct. (Würzburg.), 18 Novemb. 1738.
Humaniorum literarum Professor in Universitate Würzburgensi.
Humaniorum literarum Professor in Lycæo Heiligenstadiensi.
Theologiæ moralis Professor in Schola Molshemiana, 1734-1736.

Loco B. Dyhlin.

Theologiæ scholasticæ Professor in Schola Molshemiana, 1736-1738.

Loco G. Pfanzert.

Theologiæ Professor in Universitate Würzburgensi, 1740.
Theologiæ Professor in Academia Moguntina.
Theologiæ moralis Professor in Schola Molshemiana, 1747-1752.

Loco I. Morlock.

Hartenfels, Jacobus (*S. J.*), Montaburgens.

Natus Februar. 1663.
Denatus post 1720.
Logicæ Professor in Academia Bambergensi, 1700-1701.
Physicæ Professor in Academia Bambergensi, 1701-1702.
Metaphysicæ Professor in Academia Bambergensi, 1702-1703.
Theologiæ moralis Professor in Academia Bambergensi, 1703-1706.
Theologiæ scholasticæ Professor in Schola Molshemiana, 1706-Junio 1712.

Loco P. Fischer.

Præfectus spiritualis Scholæ Molshemianæ, Mart.-Decemb. 1708.

Hartmann, Johannes (*S. J.*), Podenstein.

Natus 1637.
Denatus 17 Martii 1709.
Theologiæ Moralis Professor in Collegio episcopali, 1682.

Loco J. Bernard.

HARTSCHMIDT, Johannes Nicolaus, Argent. (B. U).
Natus 6 Decemb. 1657.
Denatus 10 Julii 1706.
Theol. Doct., 20 Septemb. 1696 (6 Septemb. 1696.)
Præceptor in Gymnasio.
Logices & Metaphysices Professor, 25 Novemb. 1695.
Theologiæ Professor, 4 Julii 1702.

SS. Theol. Doct. ejusdemque Prof. publ. ord., Cap. Thomani. Canonicus et Ecclesiastes, 1703.

HASSELMANN, Jean-Jacques-Frédéric, de Bouxwiller.
Né 29 Janvier 1797.
Décédé 18 Mars 1871.
Professeur au Gymnase protestant, 1824.
Directeur du Collège de Bouxwiller, 1825.
Professeur agrégé de littérature grecque au Séminaire protestant, 1 Août 1833.
Professeur de littérature grecque au Séminaire protestant, 28 Janvier 1835.

HAUCK, Christophorus (*S. J.*), Heidelbergens.
Natus 1611.
Denatus (Mogunt.) 20 Septemb. 1679.
Cancellarius Academiæ Molshemianæ, 1674-1675.

HAYE, Arnoldus (*S. J.*)
Natus
Denatus
Cancellarius & Scripturæ Sanctæ Professor in Academia Molshemiana, 1628-1630.

Loco P. Dietz.

HAWENREUTTER, Johannes Ludovicus, Argent.
Natus 2 August. 1548.
Denatus 1 August. 1618.
Med. Doct. (Tubingæ), 1586.
Medicinæ Professor, 1585.
Ethices & Physices Professor, 1589.

Loco H. Oldendorp.

Naturalis Scientiæ Professor.
Medic. & Philos. Doctor, Philosophus & Antecessor ac Physices Professor.

Portrait non signé.
Portrait par I. ab Heyden. 1613.

HAWENREUTTER, Sebaldus, Nuremberg.
Natus 23 Novemb. 1508.
Denatus 20 Julii 1589.
Med. Doct. (Tubingæ), 16 Septemb. 1539.
Medicinæ Professor, 10 Novemb. 1540.

Medicinæ & Physices Professor.

HECKMANN, Johannes (*S. J.*), Aquisgranens.
Natus 1659.
Denatus (Würzburg.) 22 April 1712.
Logicæ Professor in Academia Molshemiana, 1694-1695.
Loco F. Werner.
Physicæ Professor in Academia Molshemiana, 1695-1696.
Loco F. Werner.
Logicæ Professor in Academia Bambergensi, 1696-1697.
Physicæ Professor in Academia Bambergensi, 1697-1698.
Metaphysicæ Professor in Academia Bambergensi, 1698-1699.
Theologiæ moralis Professor in Academia Molshemiana, 1699-1701.
Loco F. Vincke.
Theologiæ scholasticæ Professor in Schola Molshemiana, 1701-1702.
Loco L. Piertz.

HEDIO (Bœclin), Caspar, Ettlingen-Suabens.
Natus 1494.
Denatus 17 Octob. 1552.
Theol. Licent. (Basileæ), 1519.
Theol. Doct.
Theologiæ Professor, 1523.
Theol. Prof. & Convent. eccles. Præses, 1549.
Portrait signé R. B.
Portrait signé H. L.

HEGGELIUS, Georgius.
Natus
Denatus
Theologiæ Professor extraordin., 1577.

HEILMANN, Georgius (*S. J.*), Cassellan.
Natus 11 Octob. 1695.
Denatus 26 Januar. 1763.
Minister Scholæ Molshemianæ, 1748.

HEISTER, Johannes (*S. J.*), Stemstern.
Natus 10 August. 1664.
Denatus (Molshem.) 14 Decemb. 1716.
Logicæ Professor in Schola Molshemiana, 1702-1703.
Loco J. Frings.
Physicæ Professor in Schola Molshemiana, 1703-1704.
Loco J. Frings.
Logicæ Professor in Academia Bambergensi, 1705-1706.
Physicæ Professor in Academia Bambergensi, 1706-1707.
Metaphysicæ Professor in Academia Bambergensi, 1707-1708.

HELD, Abraham, Molshem.
Natus 16 Novemb. 1524.
Denatus 25 Septemb. 1594.
Consul, 1568, 1574, 1580, 1586 et 1592.
Scholarcha, 17 Julii 1588.

HELDT, Valerius (*S. J.*), Dambach.
Natus 1616.
Denatus (Bamberg.) ante 1678.
Logicæ Professor in Academia Bambergensi, 1652-1653.
Physicæ Professor in Academia Bambergensi, 1653-1654.
Metaphysicæ Professor in Academia Bambergensi, 1654-1655.
Scripturæ Sanctæ Professor in Academia Molshemiana, 1658-1659.
Theologiæ moralis Professor in Academia Bambergensi, 1665-1669.

HELLER, Johannes, Argentin. (B. S.)
Natus 20 Decemb. 1559.
Denatus 25 Novemb. 1632.
Consul, 1623 et 1629.
Scholarcha, 28 Maii 1627.
Portrait par J. ab Heyden.

HELLING, Lotharius (*S. J.*), Wipperfurt.-Rhenan.
Natus 27 Martii 1706.
Denatus post 1766.
Logicæ Professor in Academia Bambergensi, 1741-1742.
Physicæ Professor in Academia Bambergensi, 1742-1743.
Metaphysicæ Professor in Academia Bambergensi, 1743-1744.
Matheseos Professor in Academia Bambergensi, 1744-1745.
Polemicæ Professor in Schola Molshemiana, 1746-1747.
Loco P. Wolff.
Theologiæ dogmaticæ Professor in Academia Bambergensi, 1762-1764.
Præfectus Spiritus in Academia Wormatiensi, 1764.

HEMMERLIN, Christianus (*S. J.*)
Natus circa 1675.
Denatus (Ensisheim) 11 Martii 1710.
Logicæ Professor in Seminario episcopali, 1699-1700.
Loco S. Des Roches.
Missionarius in Seminario episcopali, 1700-1701.
Procurator Prioratus Montis Oliveti (Œlenberg), 1702-1703.
Superior Prioratus Montis Oliveti, 1703-1705.

HENNEBERGER, Johannes, Argent.
Natus
Denatus
Theologiæ Professor extraordin., 5 Maii 1577.

HENNENBERGER, Franciscus Heinricus, Argent.
Natus 1716.
Denatus
XIII vir, 1766.
Scholarcha, 1768.

HENNINGER, Johannes Sigismundus, Durlacens. (B. U.)
Natus 27 Julii 1667.
Denatus 27 Septemb. 1719.

Med. Doct. Junio 1694. (23 Maii 1692.)
Physices Professor, 19 Maii 1702.
Abiit 3 Julii 1702.
Medicinæ Professor 11 Decemb. 1703.

Med. Doct. & Anatom. Prof. publ.

HENRY, Johannes Nicolaus (*S. J.*), La Thour, Diœc. Rhemens.
Natus 20 Aug. 1732.
Denatus (in Diœc. Metensi) 1781.
Matheseos Professor in Universitate episcopali, 1762-1763.

HERBER, Georgius (*S. J.*)
Natus
Denatus
Physicæ Professor in Academia Molshemiana, 1630-1631.

HERISSEM, Leopoldus de (*S. J.*), Badens.
Natus 25 August. 1670.
Denatus (Aschaffenburg.) 24 Februar. 1730.
Philosophiæ Professor in Academia Heidelbergensi, 1703-1705.
Matheseos & Ethicæ Professor in Academia Bambergensi, 1706-1707.
Theologiæ moralis Professor in Schola Molshemiana, 1710-Julio 1712.
Loco P. Stephani.
Theologiæ scholasticæ Professor in Schola Molshemiana, Julio 1712-1714.
Loco J. Hartenfels.

HERLIN, Christianus.
Natus
Denatus 20 Octob. 1562.
Mathematum Professor, circa 1526.

HERMANN, Godofredus (*S. J.*), Auben.-Francon.
Natus 7 April. 1689.
Denatus (Würzburg.) 9 April. 1743.
Theol. Doct.
Logicæ Professor in Schola Molshemiana, 1717-1718.
Loco A. Gerich.
Physicæ Professor in Schola Molshemiana, 1718-1719.
Loco A. Gerich.
Juris canonici Professor in Academia Bambergensi, 1724-1725.
Theologiæ scholasticæ Professor in Schola Molshemiana, 1726-1733.
Loco L. Piertz.

HERMANN, Johannes, Barrens. (B. U.)
Natus 31 Decemb. 1738.
Denatus 8 Octob. 1800.
Med. Doct., 23 Junii 1763 (22 Octob. 1762).
Phil. Doct., 21 Septemb. 1775.

Logicæ & Metaphysicæ Professor, 14 Octob. 1779.
Medicinæ Professor, 1782.
Professeur de botanique et de matière médicale à l'École de Médecine, 21 Décembre 1794.

Phil. & Med. Doct. atque Prof. publ. extraordin.
Pathologiæ Prof. publ. ord., 1782.
Botan. & Chemiæ Prof., 1784.

Portrait lithographié par Flaxland.
Portrait par C. Guérin.
Portrait non signé. 1800.

HERRENSCHNEIDER, Johannes Ludovicus Alexander, Grehwill. (B. U.)
Natus 23 Martii 1760.
Denatus 29 Januar. 1843.
Phil. Doct., 26 Septemb. 1782. (21 Mart. 1782).
Jur. Licent. (31 Maii 1785).
Mathematum Professor, 10 Septemb. 1789.
Loco J. J. Brackenhoffer.
Professeur de mathématiques, physique, chimie et astronomie à l'Académie protestante.
Professeur de physique à la Faculté des Sciences, 1810.

Portrait lithographié par Ch. A. Schuler.
Portrait lithographié par J. D. Beyer.

HERRENSCHNEIDER, Johannes Samuel, Argent. (B. U.)
Natus 5 Junii 1736.
Denatus 2 Octob. 1784.
Phil. Doct. 23 Septemb. 1773.
Philosophiæ Professor extraord., 1772.
Philosophiæ Professor, 1782.

HERTEL, Leonhard, Argent.
Natus
Denatus
Præceptor in Gymnasio.
Logices & Metaphysices Professor, 1561.

HERTENSTEIN, Johannes Henricus, Argent. (B. U.)
Natus 3 Decemb. 1676.
Denatus 16 Martii 1741.
Jur. Doct., 5 Novemb. 1722. (22 Decemb. 1714.)
Mathematum Professor, 16 Novemb. 1719.

HESS, David (*S. J.*), Duderstadiens.-Hannoveran.
Natus 8 Januar. 1687.
Denatus (Bamberg.) 12 Januar. 1729.
Logicæ Professor in Schola Molshemiana, 1719-1720.
Loco H. Reeb.
Physicæ Professor in Schola Molshemiana, 1720-1721.
Loco H. Reeb.

HESS, Jacobus (*S. J.*)
Natus
Denatus

Logicæ Professor in Academia Molshemiana, 1697-1698.
Loco C. Haan.

Physicæ Professor in Academia Molshemiana, 1698-1699.
Loco C. Haan.

HEUPEL, Georgius Fridericus, Argent. (B. U.)
Natus 22 Septemb. 1665.
Denatus 24 Novemb. 1718.
Præceptor in Gymnasio, 1696-1718.
Græcæ & Hebrææ Linguæ Professor, 1697.
Loco J. Kühn.

Superioris Gymnasii Græcæ linguæ Præceptor, 1699.
Superioris Gymnasii Græcus, 1700.

HEUPEL, Johannes Isaacus, Argent. (B. U.)
Natus 30 Julii 1697.
Denatus 22 Octob. 1740.
Præceptor in Gymnasio, 1726.
Hebrææ et Græcæ linguæ Professor, Novemb. 1737.

HEUS, Matthias, Argent. (B. U.)
Natus 15 April 1723.
Denatus 24 Maii 1768.
Phil. Doct., 28 Septemb. 1748.
Logices & Metaphysices Professor, 5 Novemb. 1756.
Loco P. H. Bœcler.

HEÜSSE, Johannes (*S. J.*), Schaketingen.
Natus 11 Maii 1652.
Denatus (Worms) 22 Martii 1716.
Logicæ Professor in Academia Molshemiana, 1689-1690.
Loco S. Vogt.

Physicæ Professor in Academia Molshemiana, 1690-1691.
Loco S. Vogt.

HEYDER, Balthasar (*S. J.*), Bambergens.
Natus 11 August. 1724.
Denatus post 1766.
Logicæ Professor in Schola Molshemiana, 1758-1759.
Loco H. Weiler.

Physicæ, Ethicæ & Metaphysicæ Professor in Schola Molshemiana, 1759-1760.
Loco H. Weiler.

HEYDMANN, Franciscus (*S. J.*).
Natus
Denatus 27 April. 1719.
Logicæ Professor in Schola Molshemiana, 1711-1712.
Loco C. Voss.

Physicæ Professor in Schola Molshemiana, 1712-1713.
Loco C. Voss.

HEYDT, Adamus (*S. J.*), Aschaffenburgens.
Natus 15 Martii 1667.
Denatus (Aschaffenburg.) 3 Septemb. 1733.
Logicæ Professor in Academia Molshemiana, 1700-1701.
Loco I. Wolff.
Physicæ Professor in Schola Molshemiana, 1701-1702.
Loco I. Wolff.
Controversiæ & Scripturæ Sanctæ Professor in Schola Molshemiana, 1702-1703.
Loco P. Fischer.
Rector Academiæ Bambergensis, 5 April. 1717-26 Martii 1721.
Theologiæ Professor in Academia Heiligenstadiensi, 1721.

HIRN, Andreas.
Natus 30 Novemb. 1729.
Denatus 10 Novemb. 1815.
Theol. Doct.
Vice-Director Seminarii episcopalis, 1781.
Theologiæ Moralis Professor in Universitate episcopali, 17..-1790.
Director Seminarii Episcopalis, 1790.
Loco A. Jeanjean.
Supérieur du Grand Séminaire catholique, 1802-1806.
Chanoine titulaire de la Cathédrale, 1804-1815.
Premier Vicaire général capitulaire de l'Évêché, 1813-1815.

Theol. Doct., Eccles. collegiat. ad S. Petrum seniorem Canonic., 1782.

HOBRON, Thomas Hubert., Argent.
Natus 1753.
Denatus 1812.
Theol. Doct.
Philosophiæ Professor in Universitate episcopali, 1789-1790.
Loco J. P. Sauthier.

Theol. Doct. & Philos. Prof. 1790.
Parochus ad S. Magdalenam Argent., 1803.

HOCHAUS, Adam (*S. J.*), Breidenwerb. (?).
Natus 1662.
Denatus (Baden) 6 Februar. 1708.
Physicæ Professor in Academia Molshemiana, 1696-1697.
Loco J. Heckmann.

HOCHHEIMER, Josephus (*S. J.*), Flœrsheim.-Nassov.
Natus 2 Julii 1720.
Denatus 4 Junii 1812.
Scripturæ Sanctæ Professor in Schola Molshemiana, 1755-1757.
Loco Th. Holzelau.

HŒFFEL, Christophorus (*S. J.*), Lingaviens.-Rhenan.
Natus 10 August. 1713.
Denatus (Mogunt.) 6 Maii 1760.

Physicæ, Ethicæ & Metaphysicæ Professor in Schola Molshemiana, 1749-1750.

Loco M. Bauer.

HOEGLEIN, Ambrosius (*S. J.*), Moguntin.

Natus 4 Martii 1689.
Denatus (Mogunt.) 15 Decemb. 1761.
Theol. Doct. (Mogunt.)
Polemicæ Professor in Schola Molshemiana, 1723-1726.

Loco H. Reeb.

Theologiæ scholasticæ Professor in Schola Molshemiana, 1726-1730.

Loco F. Huben.

Polemicæ Professor in Universitate Würzburgensi, 1732-1736.
Scholasticæ Professor in Universitate Würzburgensi, 1736-1742.
Præfectus spiritualis Scholæ Molshemianæ, 1742-1743.
Rector Domus probationis Moguntinæ.
Præfectus spiritualis in Academia Moguntina.

HOEHN, Nicolaus (*S. J.*), Amorbach.-Bavar.

Natus 6 Decemb. 1681.
Denatus (Mannheim) 1739.
Logicæ Professor in Schola Molshemiana, 1715-1716.

Loco A. Cetti.

Physicæ Professor in Schola Molshemiana, 1716-1717.

Loco A. Cetti.

Theologiæ dogmaticæ Professor in Academia Bambergensi, 1725-1726.

HOFFMANN, Georgius (*S. J.*).

Natus
Denatus
Logicæ Professor in Schola Molshemiana, 1703-1704.

Loco J. Heister.

Physicæ Professor in Schola Molshemiana, 1704-1705.

Loco J. Heister.

HOHWIESNER, Caspar (*S. J.*), Heidingsfeld.-Bavar.

Natus 20 Octob. 1727.
Denatus
Logicæ Professor in Academia Bambergensi, 1762-1763.
Physicæ Professor in Academia Bambergensi, 1763-1764.
Theologiæ moralis Professor in Schola Molshemiana, 1764-1765.

Loco J. Maciejowski.

Metaphysicæ Professor in Academia Bambergensi, 1766.
Scripturæ Sanctæ Professor in Universitate Fuldensi.
Theologiæ moralis Professor in Academia Bambergensi, 1770-1773.

HOLLANDT, Johannes (*S. J.*)

Natus
Denatus

Logicæ Professor in Academia Molshemiana, 1626-1627.
Loco J. Linnius.
Physicæ Professor in Academia Molshemiana, 1627-1628.
Loco J. Linnius.
Metaphysicæ Professor in Academia Molshemiana, 1628-1629.
Loco J. Linnius.

HOLZCLAU (*vel* Holtzclau), Thomas (*S. J.*), Hadamar.-Nassov.
Natus 28 Decemb. 1716.
Denatus (Würzburg.) 4 Junii 1783.
Theol. Doct.
Philosophiæ Professor in Universitate Würzburgensi, 1752-1753.
Scripturæ Sanctæ Professor in Schola Molshemiana, 1753-1755.
Loco C. Beringer.
Theologiæ scholasticæ & Juris Canon. Professor in Schola Molshemiana, 1755-1756.
Theologiæ Professor in Academia Mogun'ina, 1757-1759.
Loco M. Ræder.
Theologiæ Professor in Universitate Würzburgensi, 1760-1783.

HOMPHÆUS, Johannes (*S. J.*), Cocheim.-Rhenan.
Natus 1594.
Denatus ante 1678.
Rector Academiæ Molshemianæ, 1653-1655.

HOPFF, Casparus (*S. J.*), Fuldensis.
Natus 1612.
Denatus (Erfurt) 22 Octob. 1679.
Theol. Doct.
Professor in Collegio Würzburgensi, 1636.
Rector Collegii Würzburgensis.
Theologiæ Professor in Universitate Würzburgensi,
Rector Academiæ Molshemianæ, 1672-1676.

HORNIG, Josephus (*S. J.*), Sesslach.-Bavar.
Natus 11 Januar. 1698.
Denatus post 1766.
Theol. Doct. (Würzburg.), 12 Novemb. 1743.
Theologiæ moralis Professor in Schola Molshemiana, 1739-1741.
Theologiæ Professor in Universitate Fuldensi, 1743.
Loco C. Molitor jun.
Theologiæ scholasticæ et Juris canonici Professor in Schola Molshemiana, 1746-1752.
Loco U. Munier.

HOTOMANNUS, Franciscus, Parisiens.
Natus 23 August. 1524.
Denatus 12 Februar. 1590.
Juris Professor 1556.
Abiit Valentiam, 1561.

Portrait non signé.

HUBEN, Franciscus (*S. J.*), Cassellan.

Natus 31 Julii 1683.
Denatus 1737.
Philosophiæ Professor in Academia Heidelbergensi.
Theologiæ moralis Professor in Schola Molshemiana, 1719-1720.
Loco N. Reeb.

Theologiæ scholasticæ Professor in Schola Molshemiana, 1721-1725.
Loco J. Schetzer.

HÜFFEL, Johannes Franciscus Josephus.

Natus
Denatus
Theologiæ Professor in Universitate episcopali, 1787-1790.

HUGK, Andreas (*S. J.*), Mulhusin.-Alsat.

Natus 1639.
Denatus
Rector Academiæ Molshemianæ, 1700-1701.
Loco M. Chappuis.

Rector Scholæ Molshemianæ, 1701-20 Januarii 1705.

HUNELLE, Georgius Andreas (*S. J.*), Diœces. Argent.

Natus 22 April. 1711.
Denatus (Argent.) 26 Martii 1781.
In Domo Lauretana, in Italia, 1752-1753.
Theologiæ moralis Professor in Universitate episcopali, 1759-1760.
Loco F. C. Pigenot.

Scripturæ sanctæ Professor in Universitate episcopali, 1760-1761.
Loco M. F. J. Siffert.

Theologiæ moralis Professor in Universitate episcopali, 1761-1765.
Loco J. Keifflin.

INGOLD, Franciscus Rudolphus, Argentin. (B. U.)

Natus 24 August. 1572.
Denatus 3 Januar. 1642.
XIII vir, 23 Maii 1610.
Scholarcha, 27 Novemb. 1620.
Portrait par P. Aubry, 1640.
Portrait non signé, 1640.

INTZ, Nicolaus (*S. J.*), Ursel.-Nassov.

Natus August. 1613.
Denatus (Mogunt.) 1676.
Theol. Doct. (Würzburg.), 31 August. 1665.
Logicæ Professor in Academia Würzburgensi, 1647.
Philosophiæ Professor in Academia Würzburgensi, 1649.
Philosophiæ Professor in Academia Moguntina, 1652.
Theologiæ scholasticæ Professor in Universitate Würzburgensi, 1662-1668.

Theologiæ scholasticæ Professor in Academia Molshemiana, 1668-1673.
Loco G. Harlass.
Cancellarius Academiæ Molshemianæ, 1672-1673.
Loco G. Harlass.

JACQUESSON, Ludovicus (*S. J.*), Châlons-sur-Marne.
Natus 1659.
Denatus (Mussiponti) 23 Januar. 1743.
Rector Collegii Barroducensis, 1705-1708.
Rector Collegii Colmariensis, 1709-1712.
Rector Collegii Metensis, 1719-1722.
Rector Collegii Ensishemiani, 1722-1724.
Rector Collegii Rhemensis, 1725-1728.
Præpositus Provinciæ Campaniæ, 1728-1731.
Rector Universitatis episcopalis, 26 Julii 1731-23 April. 1735.
Loco J. Scheffmacher.
Rector Universitatis Mussipontanæ, 1735-1738.

JEANJEAN, Antonius, Selestad.
Natus 2 (*vel* 10) Februar. 1727.
Denatus 1 August. 1790.
Theol. Doct., 1765.
Theologiæ Professor in Universitate episcop.
Superior Seminarii episcopalis, 3 Octob. 1765-1790.
Rector Universitatis episcopalis, 1 Decemb. 1786-1790.

Canonicus ad Sanctum Petrum juniorem.
Portrait par Verhelst, Mannheim.

JEANNOLLE, Dominicus (*S. J.*)
Natus circa 1673.
Denatus (Oelenberg) 27 Januar. 1714.
Logicæ Professor in Universitate episcopali, 1708-1709.
Loco G. Beaujour.
Physicæ Professor in Universitate episcopali, 1709-1710.
Loco G. Beaujour.
Logicæ Professor in Universitate episcopali, 1710-1711.
Loco L. Prevost.
Operarius in Prioratu Œlenbergensi, 1711-1712.

JENNI, Franciscus (*S. J.*), Kintzhem.-Alsat.
Natus 4 Octob. 1696.
Denatus (Selestadii) 6 Decemb. 1758 (*vel* 1756).
Logicæ Professor in Schola Molshemiana, 1729-1730.
Loco J. Weber.
Physicæ Professor in Schola Molshemiana, 1730-1731.
Loco J. Weber.
Procurator Scholæ Molshemianæ, 1735-1737.

JOANNIS, Joachimus (*S. J.*), Frisio-Lewardiens.
Natus
Denatus (Molshem.) 15 Junii 1657.

Theol. Doct. (Molsheim), 1623.
Metaphysicæ Professor in Academia Molshemiana, 1620-1621.
Theologiæ Professor in Collegio Bambergensi, 1621-1622.
Theologiæ Professor in Academia Molshemiana, 1623.
Vice-Cancellarius Academiæ Molshemianæ, 1654-1657.

JOBART, Dominicus (*S. J.*), Romanicurt.
Natus 25 Julii 1625.
Denatus (Würzburg.) 1673.
Theol. Bacc. (Würzburg.), 14 Decemb. 1671.
Theol. Doct.
Logicæ Professor in Academia Molshemiana, 1663-1664.
(?) *Loco* W. Düngen.
Physicæ & Matheseos Professor in Academia Molshemiana, 1664-1665.
Loco W. Düngen.
Metaphysicæ & Ethices Professor in Academia Molshemiana, 1665-1666.
Loco W. Düngen.
Scripturæ Sanctæ Professor in Academia Molshemiana, 1666-1667.
Loco C. Ulsch.
Theologiæ scholasticæ Professor in Academia Molshemiana, 1667-1668.
Loco A. Wigandt.
Theologiæ Professor in Universitate Würzburgensi, 1670.

JOCISIUS, Andreas, Siles.
Natus
Denatus
Ethicæ Professor, 1568.

JODOCI, Tilmanus (*S. J.*), Lucernens.
Natus circa 1580.
Denatus (? Molsheim) post 1655.
Ethicæ & Matheseos Professor in Academia Molshemiana, 1627-1628.
Matheseos Professor in Academia Molshemiana, 1628-1629.
Matheseos Professor in Academia Molshemiana, 1632-1635.
Logicæ Professor in Academia Molshemiana, 1644-1646.
Ethices & Matheseos Professor in Academia Molshemiana, 1654-1656.

JOHAM à MUNDOLTZHEIM, Johannes Philippus, Argent. (B. U.)
Natus 16 Mart. 1644.
Denatus 25 Junii 1707.
Prætor, 8 Januar. 1680.
Universitatis Cancellarius, 1679.

JOST, (Franciscus (*S. J.*), Thannens.-Alsat.
Natus 25 Februar. 1687.
Denatus (Haslach) 28 Maii 1772.

Logicæ Professor in Universitate episcopali, 1726-1727.
Loco J. A. Febvre.
Physicæ Professor in Universitate episcopali, 1727-1728.
Loco J. A. Febvre.
Logicæ Professor in Universitate episcopali, 1728-1729.
Loco P. A. Maderni.
Physicæ Professor in Universitate episcopali, 1729-1730.
Loco P. A. Maderni.
Juris canonici Professor in Universitate episcopali, 1730-1743.
Loco J. A. Febvre.
Bibliothecarius Universitatis episcopalis, 1746-1753.
Sine officio (Argentorati), 1753-1765.
Inter dispersos (Haslachii), 1765-1772.

Jung, André, de Strasbourg.
Né 20 Juin 1793.
Décédé 12 Octobre 1863.
Docteur en théologie, 13 Août 1832.
Professeur agrégé au Séminaire protestant, 1823.
Professeur suppléant au Séminaire protestant, 1827.
Professeur au Séminaire protestant, 5 Juin 1831.
Chargé du cours d'histoire ecclésiastique à la Faculté de théologie, 8 Février 1833.
Professeur d'histoire ecclésiastique à la Faculté de théologie, 1843.

Junius, Melchior, Wittembergens.
Natus 27 Octob. 1545.
Denatus 23 Januar. 1604.
Præceptor in Gymnasio.
Eloquentiæ Professor, 1574.
Loco J. Sturm.

Portrait par I. Brunn. 1604.

Junius, Melchior, Argent.
Natus 8 Novemb. 1572.
Denatus 4 April. 1613.
Jur. Doct. (Basil.), 1602.
Juris Professor, 1602.

Junthà (Junth *vel* Junta), Nicolaus, Argentin. (B. U.)
Natus 27 Martii 1601.
Denatus 22 Septemb. 1678.
Consul, 1663 et 1669.
Scholarcha, 1 Martii 1669.

Kageneck, Bernhardus, Ettenheimens.-Badens.
Natus
Denatus
Prætor, 1621
Universitatis Cancellarius, 21 Februar. 1623-1626.

KALWERUS, Paulus, Tübingensis.
Natus
Denatus
Græcæ linguæ Professor, circa 1560.
Abiit Tubingam 1565.

KARG, Casparus (*S. J.*), Bamberg.
Natus 12 Februar. 1650.
Denatus 17 Septemb. 1716.
Physicæ Professor in Academia Molshemiana, 1682-1683.
Loco J. Willermin.
Metaphysices Professor in Academia Molshemiana, 1683-1684.
Loco F. Straulin.
Vice-Rector Academiæ Bambergensis, 1684-1685.

KEIFFLIN, Jacobus (*S. J.*), Bartenheim.-Alsat.
Natus 2 Martii 1719.
Denatus
Philosophiæ Professor in Universitate Mussipontana, 1751-1752.
Logicæ Professor in Universitate episcopali, 1753-1754.
Loco C. Baulny.
Physicæ Professor in Universitate episcopali, 1754-1756.
Loco C. Baulny.
Logicæ Professor in Universitate episcopali, 1756-1757.
Loco J. H. Lersé.
(?) Physicæ Professor in Universitate episcopali, 1757-1759.
Loco J. H. Lersé.
Theologiæ moralis Professor in Universitate episcopali, 1760-1761.
Loco G. A. Hunelle.
Physicæ Professor in Universitate episcopali, 1764-1765.
Loco J. B. Durosoy.

KERLINUS, Christophorus.
Natus
Denatus 1549.
Græcæ linguæ Professor, 1541.
Loco J. Bedrottus.

KETTENHEIM, Johannes Philippus, Kettenhem.-Hass.
Natus 30 Novemb. 1544.
Denatus 20 Februar. 1602.
Prætor, 1579.
Universitatis Cancellarius 25 April. 1580.

KEUFFER, Johannes (*S. J.*), Selestadiens.
Natus 17 Decemb. 1650.
Denatus (Würzburg.) 7 Octob. 1718.
Logicæ Professor in Academia Molshemiana, 1691-1692.
Loco M. Lucas.
Physicæ Professor in Academia Molshemiana, 1692-1693.
Loco M. Lucas.

KHUNIUS, Johannes Caspar, Sarrebrück. (B. U.)
Natus 25 Julii 1655.
Denatus 7 Octob. 1720.
Phil. Doct., 1676.
Præceptor in Gymnasio.
Director Gymnasii, 1703-1720.
Philosophiæ practicæ Professor, 28 Octob. 1695.
Historiæ & Eloquentiæ Professor, 19 Maii 1702.
Loco J. C. Artopœus.
Portrait par J. B. Lutherbourg.

KIPPENHEIM, Henricus Balthasar, Mocen. (B. U.)
Natus 16 April. 1608.
Denatus 12 Februar. 1679.
Prætor, 1669.
Universitatis Cancellarius, 1662.

KIPS, Johannes Jacobus.
Natus
Denatus Julio 1607.
Consul, 1594, 1600 et 1606.
Scholarcha, 1 Octob. 1594.

KIPS, Johannes Philippus.
Natus
Denatus
XIII vir.
Scholarcha.

KIRCHBERGER, Andreas (*S. J.*)
Natus
Denatus
Rector Academiæ Molshemianæ, 1626-1628.

KLEIN, Franciscus Antonius, Kirchheimensis-Alsat.
Natus
Denatus (Leipzig) 13 Martii 1813.
Theol. Doct.
Logicæ Professor in Universitate episcopali, 1781-1782.
Physicæ Professor in Universitate episcopali, 1782-1785.
Logicæ Professor in Universitate episcopali, 1785-1789.
Historiarum Professor in Universitate episcopali, 1789-1790.
Chanoine titulaire de la Cathédrale, 1802.

KNIEBS, Nicolaus.
Natus
Denatus 4 Octob. 1552.
Consul, 1519, 1525, 1531 et 1537.
Scholarcha, 1538.
Portrait par H. B. Grien.

KNIEBS, Nicolaus Hugo.
Natus
Denatus 26 Octob. 1588.
XIII vir.
Scholarcha, 20 Februar. 1581.

Koch, Christophorus Wilhelmus, Buxovill.

Natus 9 (? 19) Maii 1737.
Denatus 29 Octobr. 1813.
Jur. Doct., 26 Septemb. 1776. (7 August. 1759.)
Phil. Doct., 23 Septemb. 1773.
Historiar. Professor extraordinarius, 1785 (1771 ?).
Juris Professor, 1787.
Membre du Tribunat, 1800.
Professeur d'histoire et de droit public à l'Académie protestante.
Recteur de l'Académie de Strasbourg.
Recteur honoraire, 1811.

Portrait par C. Guérin.
Portrait par Chrétien. 1807.

Koch, Josephus (*S. J.*), Fuldens.

Natus 28 Januar. 1698.
Denatus (Ettlingæ) 30 Julii 1757.
Logicæ Professor in Schola Molshemiana, 1730-1731.
Loco F. Jenni.
Physicæ Professor in Schola Molshemiana, 1731-1732.
Loco F. Jenni.

Koenig, Cyriacus (*S. J.*), Molshemens.

Natus 14 Februar. 1721.
Denatus post 1766.
Logicæ Professor in Schola Molshemiana, 1756-1757.
Loco M. Zirck.
Physicæ, Ethicæ & Metaphysicæ Professor in Schola Molshemiana, 1757-1758.
Loco M. Zirck.

Koenig, Daniel Andreas, Argentin. (**B. U.**)

Natus 30 April. 1659.
Denatus 13 Februar. 1726.
Consul, 1718.
Scholarcha, 1721.

Koenigsmann, Robertus, Argent. (**B. U.**)

Natus 2 Octob. 1606.
Denatus 27 Junii 1663.
Phil. Magister, 20 April. 1650.
Eloquentiæ latinæ Professor, 25 April. 1650.
Loco J. S. Gambs.

Koepflein, Wolffgang Fabricius, *vide* Capito.

Kolakowski, Martianus (*S. J.*), (?) Lithuanus.

Natus
Denatus (Nieswiecz) 28 Februar. 1697.
Logicæ Professor in Academia Molshemiana, 1659-1660.
Loco P. Cron.

Physicæ Professor in Academia Molshemiana, 1660-1661.
Loco V. Walther.
Metaphysicæ & Ethices Professor in Academia Molshemiana, 1661-1662.
Loco V. Walther.

Kolb, Georgius (*S. J.*), Dinckelsbühl.
Natus 1627.
Denatus (Fuldæ) 27 Octob. 1683.
Scripturæ Sanctæ Professor in Academia Molshemiana, 1672-1675.
Theologiæ moralis Professor in Academia Molshemiana, 1675-1678.

Kollöffel (Collefellius), Christophorus, Argentin. (B. S.)
Natus 21 Januar. 1540.
Denatus 7 Octob. 1620.
XIII vir, 9 Januar. 1608.
Scholarcha, 20 Julii 1607.

Kraushaar, Adolphus (*S. J.*), Hagenoëns.
Natus 1635.
Denatus ante 1678.
Logicæ Professor in Academia Molshemiana, 1666-1667.
Loco G. Roth.
Physicæ Professor in Academia Molshemiana, 1667-1668.
Loco G. Roth.
Metaphysicæ Professor in Academia Molshemiana, 1668-1669.
Loco G. Roth.

Krebs, Henricus (*S. J.*), Hagenoëns.
Natus 4 April. 1628.
Denatus (Molsheim) 14 Octob. 1680.
Philosophiæ Professor in Academia Würzburgensi, 1663-1664.
Theologiæ moralis Professor in Academia Würzburgensi.
Theologiæ Professor in Academia Bambergensi, 1673-1677.
Scripturæ Sanctæ Professor in Academia Würzburgensi, 1677.
Theologiæ Professor in Academia Molshemiana, 1680-1681.

Kreiss, Théodore, de Bischheim (Bas-Rhin).
Né 18 Juin (? 18 Juillet) 1802.
Décédé 6 Février 1860.
Candidat en théologie, 31 Mars 1824.
Professeur au Gymnase protestant, 1827.
Professeur de littérature grecque au Séminaire protestant, 1 Mars 1843.
Loco G. F. Lachenmeyer.

Kretz, Marquardus (*S. J.*), Spirens.
Natus 26 Martii 1716.
Denatus (? Würzburg.) post 1753 et ante 1765.
Logicæ Professor in Schola Molshemiana, 1745-1746.
Loco P. Schommartz.

Physicæ, Ethicæ & Metaphysicæ Professor in Schola Molshemiana, 1746-1747.
Loco P. Schommartz.
Theologiæ Professor in Universitate Würzburgensi, 1753.

KROPH, Adolphus (*S. J.*), Untereisenheimens.-Francon.
Natus 15 Martii 1715.
Denatus (Molsheim) 8 Septemb. 1762.
Philosophiæ Professor in Academia Fuldensi.
Philosophiæ Professor in Universitate Heidelbergensi.
Philosophiæ Professor in Universitate Würzburgensi.
Scripturæ sanctæ Professor in Academia Fuldensi.
Theologiæ moralis Professor in Schola Molshemiana, 1758-1762.
Loco J. Maciejowski.

KÜHNIUS, Joachim, Greifswald. (B. U.)
Natus 1647.
Denatus 11 Decembris 1697.
Græcæ & Hebrææ linguæ Professor, 14 Junii 1686.
Loco B. Scheid.

KÜHORN, Johannes (*S. J.*), Egrensis.
Natus 12 Februar. 1651.
Denatus 21 Decemb. 1723.
Logicæ Professor in Academia Bambergensi, 1684-1685.
Physicæ Professor in Academia Bambergensi, 1685-1686.
Metaphysicæ Professor in Academia Bambergensi, 1686-1687.
Theologiæ Professor in Academia Fuldensi.
Theologiæ moralis Professor in Academia Bambergensi, Martio 1693-1697.
Theologiæ positivæ Professor in Academia Molshemiana, 1700-1701.
Loco S. Wüst.

KUGLER, Johannes Reinhard., Argent. (B. U.)
Natus 22 Octob. 1723.
Denatus 1794.
Jur. Doct., 30 April. 1767 (22 Decemb. 1750.)
Juris Professor, 12 Decemb. 1755.
Loco J. F. Bœcler.

Institut. Imp. Prof. publ. ord., 1756.
Pandect. & Jur. Can. Prof. publ. ord., 1760.
Pandect. & Jur. publ. Prof. publ. ord., 1770.

KUHN, Dominicus (*S. J.*), Hagenoensis.
Natus 6 Martii 1723.
Denatus
Missionarius Nanceii, 1754-1760.
Prædicator in Ecclesia Argentoratensi, 1760-1763.
Controversista in Universitate episcopali, 1763-1764.
Sine officio, Sennhemii, 1764.
Sine officio, Hagenoæ, 1767-1768.

KUHN, Johannes Caspar, *vide* KHUNIUS.

KULPIS, Johannes Georgius, Alsfeld-Hassiac.
Natus 19 Decembr. 1652.
Denatus (Stuttgart.) 2 Septemb. 1698.
Jur. Licent., 15 August. 1678.
Juris Professor, 10 Mart. 1683.
Abiit Stuttgart. 1686.

KYBER, David, Argent.
Natus
Denatus 1553.
Theol. Doct.
Hebrææ linguæ Professor, 1549.

KYBER, Elias, Gengenbacens.-Badens.
Natus
Denatus 19 Novemb. 1569.
Hebrææ linguæ Professor, 1564.
Loco D. Flegel.
Theologiæ Professor, 1568.

LACISIUS, Paulus, Veronens.
Natus
Denatus Martio 1544.
Græcæ linguæ Professor, 1542.

LA CHAPELLE, Franciscus Bernardus de (*S. J.*), Bar-le-Duc.
Natus 25 Martii 1650.
Denatus (Langres) 8 April. 1725.
Rhetoricæ Professor in Universitate Mussipontana, 1678-1679.
Mathematum Professor in Universitate Mussipontana, 1680-1684.
Philosophiæ Professor in Universitate Mussipontana, 1688-1689.
Philosophiæ Professor in Universitate Mussipontana, 1690-1691.
Theologiæ moralis Professor in Seminario episcopali, 1692-1693.
Loco F. N. Claudot.
Theologiæ scholasticæ Professor in Seminario episcopali, 1693-1695.
Loco J. Guillaume.
Theologiæ scholasticæ Professor in Collegio Divionensi, 1695-1696.
Superior Residentiæ Sammiellanæ, 1696-1700.
Rector Collegii Barroducensis, 1700-1705.
Superior Residentiæ Sammiellanæ, 1708-1711.
Superior Residentiæ Sancti Nicolai, 1714-1718.
Rector Universitatis Mussipontanæ, 1718-1722.
Rector Collegii Lingonensis, 1722-1725.

LACHENMEYER, Georges-Frédéric, de Pirmasens (Mont-Tonnerre).
Né 16 Janvier 1792.
Décédé 26 Décembre 1842.
Candidat en théologie, 1815.

Professeur au Gymnase protestant, 1819.
Professeur suppléant au Séminaire protestant, 1821.
Professeur de littérature grecque et latine au Séminaire protestant, 3 Février 1830.

Loco J. Schweighæuser.

La Garde, Sieur de Francheville, *vide* Custosius.

Laguille, Ludovicus (*S. J.*), Autun.
Natus 1 Octob. 1658.
Denatus (Mussiponti) 18 April. 1742.
Theol. Doct.
Rector Collegii Lingonensis, 1705-1708.
Rector Collegii Metensis, 1708-1712.
Rector Universitatis episcopalis, 12 Decemb. 1712-16 Februar. 1716.

Loco F. Baltus.

Provincialis Provinciæ Campaniæ, 16 Februar. 1716-1718.
Rector Universitatis episcopalis, 23 Februar. 1719-15 Januar. 1725.

Loco P. Robinet.

Provincialis Provinciæ Campaniæ, 1725-1728.
Provincialis Provinciæ Campaniæ, 1731-1734.
Rector Collegii Rhemensis, 1734-1737.
Rector Collegii Nanceiani, 1737-1740.

La Motte, Carolus de (*S. J.*), Rhemens.
Natus 7 Februar. 1674.
Denatus (Dijon) 17 Januar. 1742.
Rector Collegii Senonensis, 1725-1729.
Rector Collegii Calvomontani, 1729-1731.
Rector Collegii Laudunensis, 1731-1735.
Rector Universitatis episcopalis, 24 April. 1735-11 April 1738.

Loco L. Jacquesson.

Præpositus Provinciæ Campaniæ, 1738-1741.
Rector Collegii Divionensis, 1741-1742.

Landonnet, Rudolphus (*S. J.*), Rubeac.
Natus 1640.
Denatus (Mogunt.) 5 Junii 1700.
(?) Logicæ Professor in Academia Molshemiana, 1672-1673.

Loco H. Wallraaff.

(?) Physicæ Professor in Academia Molshemiana, 1673-1674.

Loco H. Wallraaff.

Metaphysicæ Professor in Academia Molshemiana, 1674-1675.

Loco H. Wallraaff.

Lang, Josephus, Kaysersberg.-Alsat.
Natus circa 1570.
Denatus (Friburg.-Brisg.) Maio 1615.
Mathematum Professor, 1599.

Loco J. Bentz.

Abiit Friburgam Brisg. 1604.

LANTZ, Johannes Jacobus, Selestadiens.
Natus 29 Februar. 1720.
Denatus (Ettenheim) 6 Januar. 1790.
Theol. Doct.
Rector Universitatis episcopalis, 17..-1787.
Canonicus et Decanus S. Petri junioris.
Episcopus Doræ, Episcopi Argentinensis Suffraganeus, 1786.

LARES, Nicolaus (*S. J.*), Aschaffenburg.
Natus 1624.
Denatus (Molsheim) 1 Februar. 1682.
Theol. Doct.
Philosophiæ Professor in Lycæo Bambergensi, 1651-1652.
Logicæ Professor in Academia Bambergensi, 1655-1657.
Physicæ Professor in Academia Bambergensi, 1657-1658.
Metaphysicæ Professor in Academia Bambergensi, 1658-1659.
Logicæ Professor in Academia Molshemiana, 1661-1662.
Loco C. Ulsch.
(?) Physicæ Professor in Academia Molshemiana, 1662-1663.
Loco C. Ulsch.
Metaphysicæ Professor in Academia Molshemiana, 1663-1664.
Loco C. Ulsch.
Theologiæ scholasticæ Professor in Academia Molshemiana, 1667-1680.
Loco P. Richart.
Cancellarius Academiæ Molshemianæ, 1676-1680.
Loco C. Hauck.

LA RUELLE, Carolus de (*S. J.*), Pannensis *prope* Thiaucourt.
Natus 31 Septemb. 1655 (*vel* 27 Septemb. 1656).
Denatus (Nanceii) 10 Maii 1723.
Philosophiæ Professor in Universitate Mussipontana, 1691-1692.
Theologiæ moralis Professor in Seminario episcopali, 1695-1696.
Loco F. Colinet.

LAUBRUSSEL, Franciscus de (*S. J.*), Virdunens.
Natus 19 Maii 1652 (*vel* 28 Maii 1651).
Denatus (Rhemis) 18 Februar. 1725.
Præfectus Scholarum superiorum in Collegio regio, 1696.
Scripturæ sanctæ Professor in Seminario episcopali, 1696-1697.
Loco N. F. Claudot.
Rector Collegii Nanceiani, 1712-1715.
Rector Collegii Lingonensis, 1715-1718.
Rector Collegii Catalaunensis, 1718-1721.
Superior Residentiæ Sammiellanæ, 1721-1722.
Rector Collegii Rhemensis, 1722-1725.

LAUBRUSSEL, Ignatius de (*S. J.*), Virdunens.
Natus 27 Septemb. 1663.
Denatus (Puerto di S. Maria, Hispania) 9 Octob. 1730.
Theol. Doct.
Rhetoricæ Professor in Universitate Mussipontana, 1687-1688.
Philosophiæ Professor in Universitate Mussipontana, 1693-1694.

Theologiæ scholasticæ Professor in Seminario episcopali, 1698-1701.

Loco F. Colinet.

Theologiæ scholasticæ Professor in Universitate episcopali, 1701-1705.

Rector Universitatis episcopalis, 19 Maii 1708-10 Octob. 1711.

Loco J. Dez.

Præpositus Provinciæ Campaniæ, 1711-1715.

Præceptor Ludovici, Principis Asturiarum, 1715-17..

Confessarius Mariæ-Magdalenæ-Theresæ, Principissæ Asturiarum, 17..-1730.

Lault, Petrus Hubertus (*S. J.*), Savigny (Nièvre).

Natus 26 Novemb. 1724.

Denatus

Physicæ Professor in Collegio Divionensi, 1758-1759.

Logicæ Professor in Collegio Divionensi, 1759-1760.

Physicæ Professor in Collegio Divionensi, 1760-1761.

Logicæ Professor in Collegio Divionensi, 1761-1762.

Mathematum Professor in Universitate episcopali, 1763-1765.

Missionarius in Legione Picardiæ, 1765-1768.

Laurans, Jacobus (*S. J.*), Leodiensis.

Natus 1 Decemb. 1673.

Denatus (Mussiponti) 26 April. 1741.

Phil. Doct.

Theol. Doct.

Physicæ Professor in Universitate episcopali, 1705-1706.

Loco G. Beaujour.

Logicæ Professor in Universitate episcopali, 1706-1707.

Loco G. Beaujour.

Physicæ Professor in Universitate episcopali, 1707-1708.

Loco G. Beaujour.

Scripturæ Sanctæ & Matheseos Professor in Universitate episcopali, 1712-1713.

Theologiæ positivæ Professor in Universitate episcopali, 1713-1714.

Loco J. Baltus.

Scripturæ Sanctæ Professor in Universitate episcopali, 1714-1716.

Theologiæ positivæ Professor in Universitate episcopali, 1716-1717.

Scripturæ Sanctæ Professor in Universitate episcopali, 1717-1718.

Theologiæ positivæ Professor in Universitate episcopali, 1718-1723.

Rector Collegii Colmariensis, 1725-1728.

Rector Collegii Ensishemensis, 1728-1731.

Rector Collegii Lingonensis, 1731-1735.

Rector Collegii Senonensis, 1735-1738.

Rector Universitatis Mussipontanæ, 1738-1741.

Laurus, Valentinus (*S. J.*), Waldthurn.-Palatin.

Natus 1593.

Denatus

(?) Logicæ Professor in Academia Molshemiana, 1624-1625.
(?) Physicæ Professor in Academia Molshemiana, 1625-1626.
Metaphysicæ Professor in Academia Molshemiana, 1626-1627.
Casuisticæ Professor in Collegio Bambergensi, 1627.

LAUTH, Thomas, Argent. (**B. U.**)
Natus 29 August. 1758.
Denatus 16 Septemb. 1826.
Med. Doct., 27 Septemb. 1781. (29 August. 1781.)
Medicinæ Professor extraord., 17 Januar. 1784.
Medicinæ Professor, 11 April. 1785.
Professeur à l'École de médecine, 21 Décembre 1794 et Professeur d'anatomie à l'Académie protestante. (Séminaire protestant en 1811.)
Professeur d'anatomie à la Faculté de Médecine, 1816.

Anatomiæ & Chirurgiæ Prof. publ., 1785.
Portrait par Ch. A. Schuler. 1804.
Portrait lithographié Par J. D. Beyer.

LEDERGERW, Josephus (*S. J.*), Bambergens.
Natus 3 Maii 1717.
Denatus (Baden?) post 1766.
Logicæ Professor in Schola Molshemiana, 1748-1749.
Loco M. Bauer.

LEDERLIN, Johannes Henricus, Argent. (**B. U.**)
Natus 18 Julii 1672.
Denatus (Oberbrunn.) 3 Septemb. 1737.
Græcæ & Hebrææ linguæ Professor, 7 mars 1703.

Ling. Oriental. Prof. publ. ord., 1709.

LEISS, Henricus (*S. J.*), Hallgarten.-Palat.
Natus 1706.
Denatus (prope Kreuznach.) 18 Octob. 1744.
Logicæ Professor in Schola Molshemiana, 1740-1741.
Loco D. Breny.
Physicæ Professor in Schola Molshemiana, 1741-1742.
Loco J. Thorwesten.

LEITERSPERGER, Jeremias Adam, Argentin. (**B. U.**)
Natus 1 Septemb. 1667.
Denatus 26 Mart. 1721.
Consul, 1711 et 1717.
Scholarcha, 4 Novemb. 1715.

LEITERSPERGER, Philippus Caspar, Argentin. (**B. U.**)
Natus 28 Julii 1670.
Denatus 12 April. 1735.
Consul., 1725 et 1731.
Scholarcha, 28 Julii 1727.

LENNEP, Casparus (*S. J.*)
Natus
Denatus
Logicæ Professor in Academia Molshemiana, 1627-1628.
Loco J. Hollandt.

Physicæ Professor in Academia Molshemiana, 1628-1629.
Loco J. Hollandt.

LENNEP, Theodorus (*S. J.*)
Natus
Denatus
Theologiæ dogmaticæ Professor in Collegio Bambergensi, 1619.
Theologiæ dogmaticæ Professor in Collegio Bambergensi, 1625.
Scripturæ Sanctæ Professor in Academia Molshemiana, 1626-1627.

LERSÉ, Johannes Henricus (*S. J.*), Diœces. Argent.
Natus 10 Octob. 1724.
Denatus (Erstein) 11 Octob. 1773.
Logicæ Professor in Universitate episcopali, 1755-1756.
Loco F. J. Baccara.
Physicæ Professor in Universitate episcopali, 1756-1757.
Loco J. Keifflin.

LICHTENBERGER, Frédéric-Auguste, de Strasbourg.
Né 31 Mars 1832.

Docteur en théologie, 6 Août 1860.
Professeur au Séminaire protestant, 26 Avril 1864.
Professeur de morale évangélique à la Faculté de théologie, 13 Août 1864.
Loco E. G. E. Reuss.
Parti pour Paris Avril 1872.
Professeur à la Faculté de théologie de Paris, 27 Mars 1877.

LIEBERMANN, Franciscus Leopold Bruno, de Molsheim.
Natus 12 Octob. 1759.
Denatus (Argent.) 17 Novemb. 1844.
Theol. Licent.
Professor in Seminario episcopali, 1785-1786.
Superior Seminarii Moguntini.
Curé à Ernolsheim.
Vicaire général de l'Évêché.
Portrait lithographié.

LIEBRECHT, Christianus (*S. J.*), Lindaviens.
Natus 20 (*vel* 28) Januar. 1703.
Denatus post 1771.
Philosophiæ Professor in Universitate Würzburgensi, 1740-1741.
Juris Canonici Professor in Schola Molshemiana, 1748-1749.
Scripturæ Sanctæ Professor in Academia Moguntina, 1749-1750.

Theologiæ dogmaticæ Professor in Academia Bambergensi, 1750-1755.
Theologiæ moralis Professor in Academia Heiligenstadiensi, 1755.

LIENHART, Thiébaut, Truchtersheim (Bas-Rhin).
Né 31 Août 1765.
Décédé 22 Mars 1831.
Docteur en théologie.
Religieux de l'Ordre de Saint-Benoît à Marmoutiers.
Supérieur du Grand Séminaire catholique, 1807-1830.
Chanoine de la Cathédrale, 1806
Vicaire capitulaire et Vicaire général de l'Évêché, 1813-1827.
Portrait lithographié par C. Guérin. 1831.

LIER, Joachim (*S. J.*), Moguntinus.
Natus 1612.
Denatus (Würzburg) 4 Junii 1690.
Professor in Collegio Bambergensi, 5 Julii 1635-1648.
Metaphysicæ Professor in Academia Bambergensi, 1648-1649.
Scripturæ Sanctæ Professor in Academia Molshemiana, 1660-1665.
Loco G. Mentzius.
Rector Academiæ Molshemianæ, 1669-(?) 1673.
Loco M. Störr.

LILIER, Josephus (*S. J.*), Nicrosulmens.
Natus 30 Januar. 1720.
Denatus post 1766.
Logicæ Professor in Schola Molshemiana, 1753-1754.
Loco P. Pichelmayer.
Physicæ, Ethicæ & Metaphysicæ Professor in Schola Molshemiana, 1754-1755.
Loco P. Pichelmayer.
Matheseos Professor in Academia Bambergensi, 1757-1760.

LINCK, Jeremias Eberhard, Argent. (B. U.)
Natus 4 Mart. 1685.
Denatus 7 Januar. 1743.
Jur. Doct. 1711. (12 Martii 1708.)
Poëseos Professor, 14 Novemb. 1710.
Moralium Professor, 1719.
Loco E. Silberrad.
Juris Professor, 26 Septemb. 1720.

Philos. Doct. & J. U. Ddus, 1709.
J. U. D., Inst. imp. Prof. publ. ord., 1722.
J. U. D., Jur. publ. & Pand. Prof. publ. ord., 1732.

LINNIUS, Johannes (*S. J.*)
Natus
Denatus
(?) Logicæ Professor in Academia Molshemiana, 1625-1626.
Loco V. Laurus.

Physicæ Professor in Academia Molshemiana, 1626-1627.
Loco V. Laurus.
Metaphysicæ Professor in Academia Molshemiana, 1627-1628.
Loco V. Laurus.

LIPPIUS, Johannes, Argent.
Natus 25 Junii 1585.
Denatus 24 Septemb. 1612.
Theol. Doct. (Giessæ), 1612.
Theologiæ Professor, 28 Septemb. 1611.
Loco Ph. Marbach.
Portrait par J. ab Heyden.

LISTENMANN, Georgius Henricus.
Natus
Denatus 16 Septemb. 1768.
Phil. Doct.
Philosophiæ moralis Professor, 4 Junii 1733.

LITHONIUS, Simon, Valesianus.
Natus
Denatus
Philosophiæ Professor, 1533.

LOBSTEIN, Johannes Fridericus, Lampertheim. (B. U.)
Natus 30 Maii 1736.
Denatus 11 Octob. 1784.
Med. Doct., 14 August. 1760. (16 Julii 1760.)
Medicinæ Professor extraord., 8 Junii 1768.
Medicinæ Professor, 3 Novemb. 1768.
Loco G. H. Eisenmann.

Anatom. & Chirurg. Prof. publ. ord., 1760.

LOCAMERUS, Georgius David, Landav. (B. U.)
Natus 1588.
Denatus 28 April. 1637.
Jur. Doct. (Heidelberg.), 1618.
Juris Professor, 10 April. 1619.

J. U. D., Pandect. Prof. ord., 1626.

LODER, Georgius (*S. J.*), Spirens.
Natus 1659.
Denatus (Rubeac.) 25 Novemb. 1727.
Theologiæ moralis Professor in Schola Molshemiana, 1693-1696.
Loco S. Vogt.
Theologiæ dogmaticæ Professor in Academia Bambergensi, 1701-1704.
Theologiæ Professor in Universitate Heidelbergensi.
Præfectus spiritualis Scholæ Molshemianæ, 1707-Februar. 1708.
Præfectus spiritualis Scholæ Molshemianæ, 1718-1720.

LOOSE, Gerardus (*S. J.*)
Natus
Denatus
Logicæ Professor in Academia Molshemiana, 1630-1631.
Professor in Academia Molshemiana, 1633-1635.

LORCHER, Johannes Carolus
Natus
Denatus 8 Junii 1588.
Consul, 1567, 1573, 1579 et 1585.
Scholarcha, 20 Octob. 1572.

LORENTZ, Johannes Michael, Argent. (B. U.).
Natus 16 Junii 1692.
Denatus 13 August. 1752.
Theol. Doct., 4 Novemb. 1723. (6 Octob. 1723.)
Theologiæ Professor, 16 Martii 1722.
Loco J. R. Brecht.

SS. Theol. Prof. publ. ord. & Ecclesiastes liber, 1723.
SS. Theol. Doct., Prof. publ. ord., Sen. Canon. & Pastor Thomanus, 1742.

LORENTZ, Johannes Michael, Argent. (B. U.)
Natus 31 Maii 1723.
Denatus 2 April. 1801.
Jur. Licent. (30 Octob. 1748.)
Phil. Doct., 25 April. 1754.
Historiarum Professor extraord., 19 Maii 1753.
Eloquentiæ latinæ Professor, 1756.
Professeur d'histoire et d'éloquence à l'Académie protestante.

Eloquentiæ & Poëseos Prof. publ. ord., Historiarum extraord., 1762.

LORENTZ, Sigismundus Fridericus, Argent. (B. U.)
Natus 20 Martii 1727.
Denatus 12 Octob. 1783.
Theol. Doct., 13 Junii 1771. (24 April. 1771.)
Theologiæ Professor extraordin., 8 Julii 1768.
Theologiæ Professor, 19 Novemb. 1768.

SS. Theol. Prof publ. ord. & Ecclesiast. Neopetrinus, 1770.
Portrait par J. E. Haid, Augsbourg. 1779.

LOSSMANN, Georgius (*S. J.*), Dachstein.-Alsat.
Natus 14 Februar. 1664.
Denatus 9 Julii 1727.
Physicæ Professor in Academia Bambergensi, 1703-1704.
Methaphysicæ Professor in Academia Bambergensi, 1704-1705.
Rector Scholæ Molshemianæ, Junio 1718-1722.
Loco P. Edmund.
Rector Scholæ Molshemianæ, 18 August. 1723-1726.
Loco C. Haan.

Louis, Franciscus Philippus, d'Avolsheim (Bas-Rhin).

Natus
Denatus 19 Maii 1789.
Theol. Doct.
Scholasticæ Professor in Universitate episcopali, 17.. -1790.
Professor in Seminario episcopali, 1784-1790.
Syndicus Facultatis theologicæ in Universitate episcopali.
Cancellarius Facultatis theologicæ in Universitate episcopali.

Theol. Doct. ac Prof., Regiæ Colleg. Ecclesiæ ad S. Florent. in Haslach Canon. capitul., 1769.
Theologiæ Doct. ac Prof., Summi Chori Eccl. Cathed. Argent. Præbend., 1775.
Theologiæ Doct. ac Prof., Arch. Elect. Moguntini Consiliar. Eccles., Summi Chori Eccl. Cathed. Argent. Præbendar., 1782.

Loyson, Nicolaus (*S. J.*), Wingersheim.-Alsat.

Natus 5 Februar. 1676.
Denatus (Viennæ-Austr.) 22 Januar. 1720.
Logicæ Professor in Schola Molshemiana, 1705-1706.
Loco P. Stephani.
Physicæ Professor in Schola Molshemiana, 1706-1707.
Loco P. Stephani.
Logicæ Professor in Academia Bambergensi, 1707-1708.
Physicæ Professor in Academia Bambergensi, 1708-1709.
Metaphysicæ Professor in Academia Bambergensi, 1709-1710.

Lucas, Martinus (*S. J.*), Steinbacens.

Natus 1656.
Denatus (Selestad.) 15 April. 1716.
Logicæ Professor in Academia Molshemiana, 1690-1691.
Loco J. Heüsse.
Physicæ Professor in Academia Molshemiana, 1691-1692.
Loco J. Heüsse.

Lufft, Johannes Petrus, Schillersdorff-Hanov. (B. U.)

Natus 24 Junii 1698.
Denatus 11 Februar. 1777.
Theol. Doct., 26 Septemb. 1743. (28 August. 1743.)
Theologiæ Professor, 9 Septemb. 1741.

Lupius, Desiderius (*S. J.*), Nancy.

Natus 1601.
Denatus
Rector Academiæ Molshemianæ, 1646-1651.
Loco J. Scharfbillich.

Luttig, Henricus (*S. J.*)

Natus
Denatus
Metaphysicæ Professor in Academia Molshemiana, 1630-1631.

Lutz, Lotharius (*S. J.*), Coblenz.
Natus 1643.
Denatus
Theologiæ moralis Professor in Academia Molshemiana, 1686-1687.
Loco D. Mandt.

Lycosthenes, Bonifacius, *vide* Wolfhard.

Lyseck, Stephanus (*S. J.*), Magdeburgens.
Natus Decemb. 1629.
Denatus (Augsburg.) 7 Octob. 1705.
Logicæ Professor in Academia Bambergensi, 1664-1665.
Physicæ Professor in Academia Bambergensi, 1665-1666.
Metaphysicæ Professor in Academia Bambergensi, 1666-1667.
Rector Academiæ Molshemianæ, 1676-1680.
Loco G. Hopff.

Maas, Leonhardus (*S. J.*), Mergentheim.-Württ.
Natus 1641.
Denatus (Hagenoæ) 20 Septemb. 1684.
(?) Logicæ Professor in Academia Molshemiana, 1673-1674.
Loco R. Landonnet.
Physicæ Professor in Academia Molshemiana, 1674-1675.
Loco R. Landonnet.
Metaphysicæ Professor in Academia Molshemiana, 1675-1676.
Loco R. Landonnet.
Rector Academiæ Molshemianæ, 5 Februar. 1681-1683.
Loco S. Lyseck.

Maciejowsky, Jacobus (*S. J.*), Fuldens.
Natus 10 Martii 1713.
Denatus post 1773.
Theol. Doct.
Juris Doct.
Theologiæ moralis & Linguæ hebrææ Professor in Schola Molshemiana, 1753-1757.
Loco A. Winter.
Rector Seminarii Heidelbergensis.
Theologiæ Professor in Universitate Würzburgensi, 1761-1763.
Theologiæ moralis & Linguæ hebrææ Professor in Schola Molshemiana, 1763-1765.
Loco A. Kroph.
Rector Collegii Heiligenstadiensis.

Maderni, Petrus Antonius (*S. J.*), Lugano-Helvet.
Natus 16 April. 1701.
Denatus (Argent.) 11 Maii 1752.
Logicæ Professor in Universitate episcopali, 1727-1728.
Loco F. J. Jost.
Physicæ Professor in Universitate episcopali, 1728-1729.
Loco F. J. Jost.

Logicæ Professor in Universitate episcopali, 1729-1730.
Loco F. J. Jost.
Physicæ Professor in Universitate episcopali, 1730-1731.
Loco F. J. Jost.
Logicæ Professor in Universitate episcopali, 1731-1732.
Loco J. B. Clevy.
Physicæ Professor in Universitate episcopali, 1732-1733.
Loco J. B. Clevy.
Logicæ Professor in Universitate episcopali, 1733-1734.
Loco F. A. Marlois.
Physicæ Professor in Universitate episcopali, 1734-1735.
Loco F. A. Marlois.
Theologiæ scholasticæ Professor in Universitate episcopali, 1735-1743.
Loco H. Schiltz.
Director Seminarii Regii & episcopalis, 1746-1752.

Mais, Casparus (*S. J.*), Sesslach.-Bavar.
Natus 18 April. 1677.
Denatus (Neustad.) 19 Decemb. 1735.
Logicæ Professor in Schola Molshemiana, 1712-1713.
Loco F. Heydmann.
Physicæ Professor in Schola Molshemiana, 1713-1714.
Loco F. Heydmann.
Logicæ Professor in Academia Bambergensi, 1714-1715.
Physicæ Professor in Academia Bambergensi, 1715-1716.
Metaphysicæ Professor in Academia Bambergensi, 1716-1717.

Malleolus (Hämmerlein), Isaac, Argent. (B. U.)
Natus 31 Januar. 1564.
Denatus 13 August. 1645.
Philosophiæ Doct. 1584.
Mathematum Professor, 1604.

Mandt, Damianus (*S. J.*), Hochheim.-Nassov.
Natus 3 Februar. 1643.
Denatus (Romæ) 19 August. 1697.
Theol. Doct. (Bamberg.), 21 Februar. 1696.
Theologiæ moralis Professor in Academia Molshemiana, 1683-1686.
Loco J. Hartmann.
Theologiæ scholasticæ Professor in Academia Molshemiana, 1686-1690.
Loco L. Lutz.
Theologiæ moralis Professor in Academia Molshemiana, 1690-1691.
Loco J. Bernard.
Theologiæ dogmaticæ Professor in Academia Bambergensi, 1695-1696.

MAPPUS, Marcus, Argent. (B. U.)
Natus 28 Octob. 1632.
Denatus 9 August. 1701.
Med. Doct., 28 Maii 1664. (24 Martii 1650.)
Botanices Professor.
Medicinæ Professor, 17 Octob. 1670.

Medic. Adjunctus, 1670.
Doct. ac Prof. Medicus, 1674.
Portrait par J. A. Seupel.
Portrait non signé.

MARBACH, Erasmus, Argent.
Natus 23 August. 1548.
Denatus 22 Februar. 1593.
Theolog. Doct. (Basileæ).
Theologiæ Professor, 11 Maii 1574.

MARBACH, Johannes, Lindav.
Natus 24 August. 1521.
Denatus 17 Martii 1581.
Theol. Doct. (Wittemberg.), 1543.
Theologiæ Professor, 1545.
Theol. Prof. et Convent. eccles. Præses, 1552.
Portrait non signé. 1581.
Portrait par de Bry.

MARBACH, Philippus, Argent.
Natus 19 April. 1550.
Denatus 28 Novemb. 1611.
Theol. Doct. (Basil.), 1579.
Theologiæ Professor, 1593.
Portrait non signé (? I. Brunn).
Portrait non signé.

MARBACH, Ulricus, Argent.
Natus 10 August. 1651.
Denatus 1720.
Juris Doctorand., 1677. (22 April. 1675.)
Jur. Doct.
Juris Professor, 29 Mart. 1687.

U. J. D., Pand. & Jur. Can. Prof. ord., 1699.
U. J. D., Codic. & Feudal. Consuet. Prof. publ. ord., 1703.
Portrait à la manière noire, par Houston.
Portrait gravé sur bois par F. Stimmer.

MARCELLIUS, Heinricus (*S. J.*), Sommerach. (Diœc. Bois-le-Duc).
Natus 8 August. 1593.
Denatus (Bamberg.) 25 April. 1664.
Theol. Doct. (Bamberg.), 2 Septemb. 1648.
Theologiæ moralis Professor in Seminario Rhemensi, 1632-1636.
Minister Academiæ Molshemianæ, 1639.
Theologiæ Professor in Universitate Moguntina.
Theologiæ Professor in Collegio Bambergensi, 1644-1648.
Theologiæ Professor in Academia Bambergensi, 1649-1664.

MARLOIS, Franciscus Antonius (*S. J.*), Sulzens.-Alsat.
Natus 25 April. 1697.
Denatus (Argent.) 12 Junii 1749.
Logicæ Professor in Universitate episcopali, 1732-1733.
Loco P. A. Maderni.
Physicæ Professor in Universitate episcopali, 1733-1734.
Loco P. A. Maderni.
Logicæ Professor in Universitate episcopali, 1734-1735.
Loco P. A. Maderni.
Physicæ Professor in Universitate episcopali, 1735-1736.
Loco P. A. Maderni.
Logicæ Professor in Universitate episcopali, 1736-1737.
Loco J. Cocquey.
Theologiæ positivæ Professor in Universitate episcopali, 1737-1739.
Loco J. A. Febvre.
Scripturæ Sanctæ Professor in Universitate episcopali, 1739-1746.
Concionator in Universitate episcopali, 1746-1749.

MARTYR, Petrus, *vide* VERMIGLI.

MARULA, François-Xavier, d'Oppenheim (Hesse).
Né 4 Juillet 1810.

Supérieur du Grand Séminaire catholique, 1852-1864.
Loco J. B. Specht.
Chanoine de la Cathédrale, 1858-1864.
Vicaire général de l'Évêché, 1864-1883.
Vicaire général honoraire et Chanoine de la Cathédrale, 1883.

MATTER, Jacques, d'Alt-Eckendorf (Bas-Rhin.)
Né 31 Mai 1791.
Décédé 22 Juin 1864.
Docteur ès lettres, 6 Septembre 1817.
Professeur de philosophie au Séminaire protestant, 11 Octobre 1820 au 1 Février 1843.
Professeur d'histoire ecclésiastique à la Faculté de théologie, 15 Juin 1820 à 1832.
Directeur du Gymnase protestant, 1822-1828.
Pasteur à l'église de Saint-Thomas, 1825.
Inspecteur de l'Académie, 1828.
Inspecteur général des études, 20 Octobre 1832.
Inspecteur général des bibliothèques publiques, 1845.
Professeur de philosophie au Séminaire protestant, 29 Mai 1846.
Portrait lithographié par J. D. Boyer.

MAUCERVEL, Nicolaus (*S. J.*), Bar-le-Duc.
Natus 18 Septemb. 1651.
Denatus (Nanceii *aut* Mussiponti) 21 Maii 1736.
Theol. Doct.
Logicæ Professor in Seminario episcopali, 1686-1687.
Loco L. Fauchier.

Physicæ Professor in Seminario episcopali, 1687-1688.
Loco L. Fauchier.
(?) Logicæ Professor in Seminario episcopali, 1688-1689.
Loco F. Braconnier.
Physicæ Professor in Seminario episcopali, 1689-1690.
(?) *Loco* F. Braconnier.
Theologiæ scholasticæ Professor in Universitate Mussipontana, 1692-1699.
Theologiæ moralis Professor in Universitate Mussipontana, 1699-1700.
Minister in Residentia Spinalensi, 1700-1705.
Rector Collegii Spinalensis, 1708-1711.
Rector Collegii Barroducensis, 1711-1714.
Superior Residentiæ Sannicolaitanæ, 1718-1723.
Rector Collegii Nanceiani, 1723-1727.
Superior Residentiæ Sannicolaitanæ, 1727-1731.

Massarius, Hieronymus, Vicentin.
Natus
Denatus 1 August. 1564.
Med. Doct. (Basil.), 1556.
Physices Professor.
Medicinæ Professor.

Masset, Nicolaus (*S. J.*), Worms.
Natus 10 Decemb. 1685.
Denatus
Logicæ Professor in Schola Molshemiana, 1720-1721.
Loco D. Hess.
Physicæ Professor in Schola Molshemiana, 1721-1722.
Loco D. Hess.

Mechler, François-Joseph, de Wuenheim (Haut-Rhin).
Né 21 Novembre 1805.
Décédé 28 Mai 1866.
Directeur et Professeur au Grand Séminaire catholique, 1832-1866.
Chanoine honoraire de la Cathédrale, 1857.

Meier, Johannes Jacobus, Argent. (B. U.)
Natus 23 Januar. 1573.
Denatus 13 Mart. 1659.
Consul, 1635, 1641, 1647 et 1653.
Scholarcha, 1635.

Meier, Justus, Nimwegens.-Geldr.
Natus 1 August. 1566.
Denatus 7 August. 1622.
Jur. Doct. (Basil.), 2 Januar. 1605.
Juris Professor, Novemb. 1604.
Loco D. Gothofredus.
Portrait par J. ab Heyden, 1622.

Menshengen, Mathias (*S. J.*), Moguntin.
Natus 1678.
Denatus 18 Maii 1725.
Logicæ Professor in Schola Molshemiana, 1707-1708.
Loco M. Niedt.
Physicæ Professor in Schola Molshemiana, 1708-1709.
Loco M. Niedt.
Theologiæ polemicæ Professor in Schola Molshemiana, 1711-1714.
Loco J. Oettweiller.

Mentzius, Georgius (*S. J.*), Amœnoburg.-Hassus.
Natus 29 Septemb. 1602.
Denatus (Bamberg.) 30 Octob. 1672.
Theol. Doct.
Physicæ Professor in Universitate Würzburgensi, 1637.
Rector Academiæ Molshemianæ, 1656-1659.
Loco J. Homphæus.
Scripturæ Sanctæ Professor in Academia Molshemiana, 1659-1660.
Loco V. Heldt.
Scripturæ Sanctæ Professor in Academia Bambergensi, 1661-1668.
Cancellarius Academiæ Bambergensis, 1669-1672.

Mercator, Nicolaus (*S. J.*), Lotharing.
Natus 28 Junii 1662.
Denatus (Bockenheim.) 12 Februar. 1717.
Logicæ Professor in Academia Molshemiana, 1692-1693.
Loco J. Keuffer.
Physicæ Professor in Academia Molshemiana, 1693-1694.
Loco J. Keuffer.

Messer, Valentinus (*S. J.*), Ursell.-Nassov.
Natus 29 Septemb. 1690.
Denatus (Mogunt.) 29 Decemb. 1751.
Theol. Doct. (Würzburg.), 15 Junii 1733.
Logicæ Professor in Schola Molshemiana, 1723-1724.
Loco J. Bægert.
Physicæ Professor in Schola Molshemiana, 1724-1725.
Loco J. Bægert.
Logicæ Professor in Academia Bambergensi, 1726-1727.
Physicæ Professor in Academia Bambergensi, 1727-1728.
Metaphysicæ Professor in Academia Bambergensi, 1728-1729.
Theologiæ Professor in Academia Fuldensi, 1729-1730.
Theologiæ Professor in Universitate Würzburgensi, 1730-1736.
Rector Academiæ Fuldensis.
Rector Academiæ Heidelbergensis.
Præses Probationis Moguntinæ.

Metzinger, Johannes Lucas (*S. J.*), Thionville.
Natus 5 Octob. 1688.
Denatus 1770.

Theologiæ moralis Professor in Universitate episcopali, 1737-1743.

Loco A. L. Noiron.

Præfectus Spiritus in Collegio Virdunensi, 1746-1749.
Præfectus Spiritus in Novitiatu Nanceiano, 1749-1752.
Præfectus Spiritus in Academia Mussipontana, 1752-1768.

MEURER, Johannes Christophorus, Husum. - Slesvic.
Natus 22 August. 1598.
Denatus 27 August. 1652.
Juris Professor, circa 1621.

MEURET, Anna Armandus.
Natus
Denatus
Theol. Doct.
Examinator Synodalis.
Cancellarius Universitatis episcopalis.

Examinator Synodalis, Deputatus Cleri Diœcesis Argentinensis, Archipresbyter et Rector Benfeldensis, *nec non* Universitatis episcopalis Cancellarius, 1782.

MEYER, Jacobus Argentin.
Natus
Denatus 2 April. 1567.
Consul, 1549, 1555, 1561 et 1567.
Scholarcha, 1538.

MICHEL, Ignatius (*S. J.*), Molsheim.
Natus 9 Octob. (*vel* 10 Junii) 1685.
Denatus (Selestadii) 30 April. 1761.
Rector Scholæ Molshemianæ, 1729-1732.

Loco N. Reeb.

Rector Scholæ Molshemianæ, 10 August. 1739-1743.

Loco N. Reeb.

MOLITOR, Casparus (*S. J.*), Würzburg.
Natus 1 Decemb. 1677.
Denatus (Spiræ) 12 Februar. 1744.
Polemicæ Professor in Schola Molshemiana, 1736-1737.

Loco U. Munier.

Præfectus spiritualis Scholæ Molshemianæ, 25 Julii 1738-1739.

MOLITOR junior, Casparus (*S. J.*), Arnstein. - Francon.
Natus 10 Martii 1697.
Denatus (Spiræ) 16 April. 1750.
Theol. Doct.
Philosophiæ Professor in Academia Fuldensi.
Logicæ Professor in Academia Bambergensi, 1733-1734.
Physicæ Professor in Academia Bambergensi, 1734-1735.
Metaphysicæ Professor in Academia Bambergensi, 1735-1736.

Theologiæ moralis Professor in Schola Molshemiana, 1737-1739.
Loco U. Munier.
Moralium Professor in Academia Fuldensi.
Moralium Professor in Academia Moguntina.
Moralium Professor in Universitate Würzburgensi, 1748.
Rector Collegii Spirensis, 1749.

MOREAU, Gasparus Xaverius (*S. J.*), Château-Chinon.
Natus 6 Januar. 1730.
Denatus
Mathematum Professor in Collegio Rhemensi, 1754-1760.
Mathematum Professor in Universitate episcopali, 1760-1762.
Dimissus Augustoduni, 1763.

MORELLUS, Firmianus, Claræmontanus.
Natus
Denatus
Gallicæ linguæ Professor, 1 Maii 1592.

MORLOCK, Ignatius (*S. J.*), Selestadiens.
Natus 21 Junii 1706.
Denatus (Rubeac.) circa 1770.
Logicæ Professor in Schola Molshemiana, 1735-1736.
Loco J. Rupp.
Physicæ Professor in Schola Molshemiana, 1736-1737.
Loco J. Rupp.
Logicæ Professor in Academia Bambergensi, 1739-1740.
Physicæ Professor in Academia Bambergensi, 1740-1741.
Metaphysicæ Professor in Academia Bambergensi, 1741-1742.
Polemicæ Professor in Schola Molshemiana, 1743-1744.
Loco A. Hoeglein.
Minister Scholæ Molshemianæ, 1744.
Theologiæ moralis Professor in Schola Molshemiana, 1744-1746.
Loco C. Bruch.
Theologiæ moralis & Linguæ hebrææ Professor in Schola Molshemiana, 1746-1747.
Polemicæ & Linguæ hebrææ Professor in Schola Molshemiana, 1747-1748.
Loco C. Helling.
Polemicæ Linguæ hebrææ & Scripturæ sanctæ Professor in Schola Molshemiana, 1748-1752.
Director Seminarii Molshemiani, 1752-1754.
Minister Scholæ Molshemianæ, 1754.
Theologiæ scholasticæ & Juris canonici Professor in Schola Molshemiana, 1754-1758.
Loco P. Gallade.

MOROT, Hugo (*S. J.*), Autun.
Natus 16 Maii 1658.
Denatus (Mussiponti) 9 Octob. 1738.
Phil. Doct.
Rhetoricæ Professor in Universitate Mussipontana, 1684-1685.

Logicæ Professor in Seminario episcopali, 1690-1691.
Loco F. E. de Blamont.
Physicæ Professor in Seminario episcopali, 1691-1692.
Loco M. Gillet.
Concionator Dominicus in Universitate Mussipontana, 1695-1696.
Concionator Dominicus in Universitate Mussipontana, 1700-1701.
Concionator *Gallicus* in Collegio Ensishemensi, 1702-1705.
Præfectus Scholarum in Collegio Ensishemensi, 1711-1712.
Sine officio, Mussiponti, 1722-1723.

Moser, Franciscus Josephus, Tabernensis.
Natus 24 Julii 1751.
Denatus 6 Martii 1780.
Theologiæ Professor in Universitate episcopali, 17..-1780.
Portrait lithographié par Vogel, Francfort.

Mouleto, Franciscus (*S. J.*), ex Germania.
Natus
Denatus (Münich) 3 August. 1718.
Juris canonici Professor in Seminario episcopali, 1693-1694.

Mueg, Carolus, Argent.
Natus
Denatus 14 Martii 1572.
Consul, 1558, 1564 et 1570.
Scholarcha, 1562.
Portrait sur bois par F. Stimmer.

Mühe, Simon-Ferdinand, de Strasbourg.
Né 18 Juillet 1788.
Décédé 3 Février 1865.
Prédicateur de la Cathédrale.
Professeur de pastorale au Grand Séminaire catholique, 1830-1865.
Portrait en chaire lithographié par F. Voulot.
Idem: Réduction.
Portrait en pied, non signé, lithographié.
Portrait en pied, non signé, typographié.

Müllenheim, Henricus à, dictus Hildebrand.
Natus
Denatus 20 April. 1570.
Prætor, 1554-1555; 1558-1577.
Universitatis Cancellarius, 1563-1570.

Müller, Jean, de Minversheim (Bas-Rhin).
Né 27 Decemb. 1797.
Décédé 5 Août 1839.
Professeur d'histoire ecclésiastique et d'hébreu au Grand Séminaire catholique, 1827.

Müller, Jean-Jacques, d'Ernolsheim (Bas-Rhin).
Né 25 Juillet 1786.
Décédé 10 Novemb. 1850.

Professeur de morale et de pastorale et Économe au Grand Séminaire catholique, 1818.
Curé à Holzwihr, 1828.
Curé à Saar-Union.
Chanoine de la Cathédrale.

MÜLLER, Josephus.
Natus
Denatus
Phil. Doct.
Theol. Doct.
Philosophiæ Professor in Universitate episcopali.
Theologiæ Professor in Universitate episcopali, 1770.

MÜLLER, Philippus Jacobus, Argent. (B. U.)
Natus 23 Martii 1732.
Denatus 1795.
Phil. Doct., 29 April. 1751.
Theol. Doct., 2 Septemb. 1784.
Logices & Metaphysices Professor, 20 Julii 1770.
Loco Nicolai.
Theologiæ Professor extraordin., 1768.
Theologiæ Professor, 14 Septemb. 1778.
Theol. Doct. & Prof. ac Convent. eccles. Præses, 1778.
Professeur à l'Académie protestante.

MUNIER, Uldaricus (*S. J.*), Aschaffenburg.
Natus 13 August. 1698.
Denatus (Würzburg.) 6 April. 1759.
Theol. Doct. (Würzburg.), 18 Novemb. 1738.
Philosophiæ Professor in Academia Aschaffenburgensi.
Philosophiæ Professor in Universitate Würzburgensi.
Polemicæ & Linguæ hebrææ Professor in Schola Molsheimiana 1735-1736.
Loco J. Randerath.
Theologiæ moralis & Linguæ hebrææ Professor in Schola Molshemiana, 1736-1738.
Loco P. Harrings.
Theologiæ Professor in Academia Fuldensi.
Theologiæ dogmaticæ Professor in Universitate Würzburgensi, 1744-1759.

NASSER, Bartholomæus, Argent.
Natus Octob. 1560.
Denatus 10 Maii 1614.
Theol. Doct.
Theologiæ Professor, 1594.
Portrait par J. ab Heyden, 1614.

NEEF, Franciscus Valentinus (*S. J.*), Kreusheim.-Basil.
Natus 14 Septemb. 1703.
Denatus (in Alsatia) 25 Decemb. 1782.
Logicæ Professor in Universitate episcopali, 1740-1741.
Loco L. R. Dugué.

Physicæ Professor in Universitate episcopali, 1741-1742.
Loco L. R. Dugué.
Logicæ Professor in Universitate episcopali, 1742-1743.
Loco A. Fourny.
Physicæ Professor in Universitate episcopali, 1743-1744.
Loco A. Fourny.
Logicæ Professor in Universitate episcopali, 1744-1745.
Loco F. A. Simon.
Physicæ Professor in Universitate episcopali, 1745-1746.
Loco F. A. Simon.
Scripturæ sanctæ Professor in Universitate episcopali, 1746-1750.
Loco F. A. Marlois.
Juris canonici Professor in Universitate episcopali, 1750-1765.
Loco L. Breny.

NENTER, Georgius Philippus, Gelnhausen.-Hassus.
Natus
Denatus
Med. Doct., 20 Novemb. 1704. (16 Octob. 1704.)
Medic. Doct. ac Practicus, 1709.

NESSEL, Georgius, Argent.
Natus
Denatus 23 Maii 1563.
Juris Professor, 1555.

NICKEL, Petrus Josephus (*S. J.*), La Grandville-Mosellan.
Natus 29 Junii 1723.
Denatus
Philos. Doct.
Physicæ Professor in Universitate episcopali, 1759-1760.
Loco P. Tassin.

NICOLAI, Henricus Albertus, Argent. (B. U.)
Natus 6 Martii 1701.
Denatus 16 Februar. 1733.
Med. Doct., 10 Junii 1728. (16 Julii 1725.)
Medicinæ Professor, 6 Junii 1731.
Loco J. Saltzmann.

NICOLAI.
Natus
Denatus
Logices ac Metaphysices Professor, 1768.

NICOLAS, Johannes (*S. J.*), Sedan.
Natus 27 Februar. 1681.
Denatus (Mussipont.) 14 Novemb. 1756.
Philosophiæ Professor in Universitate Mussipontana, 1714-1715.
Philosophiæ Professor in Universitate Mussipontana, 1720-1721.

Theologiæ scholasticæ Professor in Universitate episcopali, 1722-1727.
Loco J. Adam.
Cancellarius Universitatis episcopalis, 1727-1739.
Loco L. Dumesnil.
Rector Universitatis Mussipontanæ, 1745-1748.

NIEDT, Michael (*S. J.*), Mariævallens.
Natus 6 Februar. 1669.
Denatus 19 Februar. 1732.
(?) Logicæ Professor in Schola Molshemiana, 1706-1707.
Loco N. Loyson.
Physicæ Professor in Schola Molshemiana, 1707-1708.
Loco N. Loyson.
Procurator Scholæ Molshemianæ, 1714-Mart. 1715.
Physicæ Professor in Schola Molshemiana, April. ad finem 1715.
Loco G. Rippel.

NOIRON, Augustinus Ludovicus (*S. J.*), Martigny (Aisne).
Natus 24 Januar. 1680.
Denatus (Mussiponti), 26 Januar. 1747.
Theologiæ moralis & positivæ Professor in Collegio Rhemensi, 1722-1723.
Theologiæ positivæ Professor in Universitate episcopali, 1723-1724.
Loco J. Laurans.
Theologiæ moralis Professor in Universitate episcopali, 1724-1737.
Catechista & Confessarius in Universitate Mussipontana, 1746 1747.

NOTTER, Johannes Georgius, Argent.
Natus Maio 1601.
Denatus 21 Martii 1639.
Theol. Doct. (28 August. 1623.)
Theologiæ Professor, 23 Decemb. 1630.
Loco Th. Wegelin.
Abiit Spiram, 3 Mart. 1633.

OBERLÉ, Bruno Jacobus, Selestadiens.
Natus 11 Junii 1760.
Denatus (Obernai) 29 Novemb. 1842.
Professor in Schola Molshemiana.
Prédicateur à Mannheim, 179..
Prédicateur à la Cathédrale de Strasbourg, 180..
Curé d'Obernai.

OBERLIN, Jeremias Jacobus, Argent.
Natus 7 August. 1735.
Denatus 10 Octob. 1806.
Phil. Doct., 6 April. 1758.
Eloquentiæ latinæ Professor adjunctus, 21 Julii 1770.
Logices & Metaphysices Professor extraordin., 1778.
Logices & Metaphysices Professor, 30 Martii 1782.

Professeur d'histoire littéraire d'antiquités et de diplomatique à l'Académie protestante.
Portrait par Ch. A. Schuler. 1801.
Portrait lithographié par J. D. Beyer.
Portrait lithographié par Flaxland.

OBRECHT, Georgius, Argentin. (B. U.)
Natus 23 Martii 1547.
Denatus 7 Junii 1616.
Jur. Doct. (Basil.), 1574.
Juris Professor, August. 1575.
Portrait par I. Brunn. 1613.

OBRECHT, Fridericus Ulricus, Argent.
Natus 23 Julii 1646.
Denatus 6 August. 1701.
Jur. Doct. (30 Decemb. 1667.)
Historiarum Professor, 15 Februar. 1673.
Oratoriæ Professor, 1677.
Juris Professor, 17 April. 1682.
Prætor Regius 1685.
Portrait par J. A. Seupel.

OCHINO, Bernardus, Siennensis.
Natus
Denatus
Theologiæ Professor, circa 1550.

OLDENDORPIUS, Henning Johannes, Hamb.
Natus
Denatus 5 Septemb. 1589.
Hebrææ linguæ Professor, 1575.
Physices Professor, 1588.
Loco J. L. Hawenreuter.

OESINGER, Johannes Fridericus, Argentin. (B. U.)
Natus 27 Junii 1658.
Denatus 14 Decemb. 1737.
Consul, 1734.
Scholarcha, 23 April. 1736.

OETTWEILLER, Johannes (*S. J.*), Argentin.
Natus 24 April. 1666.
Denatus (Molshem.) 24 Martii 1717.
Logicæ Professor in Academia Bambergensi, 1702-1703.
Polemicæ Professor in Schola Molshemiana, 1706-1707.
Scripturæ sanctæ Professor in Schola Molshemiana, 1707-1708.
Polemicæ Professor in Schola Molshemiana, 1708-1709.
Scripturæ sanctæ Professor in Schola Molshemiana, 1709-1710.
Polemicæ Professor in Schola Molshemiana, 1710-1711.
Theologiæ moralis Professor in Schola Molshemiana, 1713-1714.
Loco G. Schwab.
Polemicæ Professor in Schola Molshemiana, 1714-1716.
Loco M. Menshengen.

OMMEREN, Godefridus (*S. J.*)
Natus
Denatus
Mathematum & Physices Professor in Academia Molshemiana, 1619-1620.
Logicæ Professor in Academia Molshemiana) 1621-1622.
Loco J. Biegeisen.
Physicæ Professor in Academia Molshemiana, 1622-1623.
Loco J. Biegeisen.
(?) Metaphysicæ Professor in Academia Molshemiana, 1624-1625.
Loco J. Biegeisen.

O'SHEE, Thomas (*S. J.*), Anglus.
Natus 29 Septemb. 1673.
Denatus (Poitiers) 1 Januar. 1735.
Theologiæ moralis Professor in Universitate episcopali, 1714-1722.
Loco J. Adam.
Concionator in Collegio Barroducensi, 1722-1723.

OSTERRIED, Johannes Daniel, Argent. (B. U.)
Natus 28 Decemb. 1703.
Denatus 17 Decemb. 1742.
Phil. Doct., 24 April. 1732.
Jur. Doct., 5 Maii 1734. (3 Maii 1734.)
Poëseos Professor, 31 Aug. 1731.
Philosophiæ practicæ Professor, 23 Decemb. 1734.
Portrait par D. Custodis.
Portrait non signé. 1592.
Portrait non signé. 1610.

OUDINET, Guilielmus (*S. J.*)
Natus circa 1667.
Denatus (Rhemis) 25 Octob. 1716.
Philosophiæ Professor in Collegio Calvomontano, 1702-1703.
Logicæ Professor in Collegio Calvomontano, 1703-1704.
Philosophiæ Professor in Collegio Calvomontano, 1704-1705.
Theologiæ moralis Professor in Universitate episcopali, 1709-1711.
Procurator Collegii Catalaunensis, 1711-1712.

PAPPUS, Johannes, Lindav.
Natus 16 Januar. 1549.
Denatus 13 Julii 1610.
Theol. Doct. (Tubingæ), 23 Novemb. 1573.
Theologiæ Professor, 24 April. 1578.
Historiarum Professor, 31 August. 1587.
Loco J. Marbach.
Theol. Doct. & Prof. et Conv. eccles. Præses, 1581.
Portrait par I. Brunn.

PAPPUS, Johannes, Argent.
Natus
Denatus
Theologiæ Professor extraordin., 1600.

PARAQUIN, Petrus (*S. J.*), Neustad.-ad-Haardam.
Natus 24 Maii 1730.
Denatus (Etlingæ) 30 Martii 1763.
Logicæ Professor in Schola Molshemiana, 1760-1761.
Loco L. Engelbrecht.
Physicæ, Ethicæ & Metaphysicæ Professor in Schola Molshemiana, 1761-1762.
Loco L. Engelbrecht.

PERRIN, Franciscus (*S. J.*), Rodez.
Natus 1636.
Denatus (Tolosæ) 24 Decemb. 1716.
Minister & Procurator Collegii Senonensis, 1681-1682.
Theologiæ scholasticæ Professor in Seminario episcopali, 1684-1686.
Procurator Provinciæ Campaniæ (Degens Parisiis), 1700-1701.
Procurator Provinciæ Campaniæ, 1702-1705.
Procurator Provinciæ Campaniæ, 1711-1712.

PETIT-DIDIER, Johannes Josephus (*S. J.*), St-Nicolas-du-Port.
Natus 23 Octob. 1664.
Denatus (Mussiponti) 10 August. 1756.
Logicæ Professor in Seminario episcopali, 1694-1695.
Loco F. Colinet.
Physicæ Professor in Seminario episcopali, 1695-1696.
Loco M. Gillet.
Logicæ Professor in Seminario episcopali, 1696-1697.
Loco M. Gillet.
Physicæ Professor in Seminario episcopali, 1697-1698.
Loco M. Gillet.
Juris Canonici Professor in Seminario episcopali, 1698-1700.
Juris canonici Professor in Universitate episcopali, 1700-1701.
Loco P. Geoffroy.
Theologiæ scholasticæ Professor in Universitate Mussipontana, 1701-1704.
Rector Universitatis Mussipontanæ, 1704-1708.

PETTMESSER, Ignatius (*S. J.*), Hagenoëns.
Natus 20 Januar. 1711.
Denatus (Bartenstein) 2 Novemb. 1772.
Logicæ Professor in Schola Molshemiana, 1743-1744.
Loco P. Wolff.
Physicæ Professor in Schola Molshemiana, 1744-1745.
Loco P. Wolff.

PFANZERT, Georgius (*S. J.*), Würzburgens.
Natus 14 Februar. 1685.
Denatus (Molshem.) 1 Maii 1736.
Polemicæ Professor in Schola Molshemiana, 1731-1733.
Loco P. Schelliger.
Theologiæ scholasticæ Professor in Schola Molshemiana, 1733-1736.
Loco G. Hermann.

PFEFFINGER, Johannes, Argent. (B. U.)

Natus 2 Januar. 1728.
Denatus 15 Januar. 1782.
Med. Doct., 30 Maii 1754. (13 Maii 1754.)
Medicinæ Professor, 24 August. 1759.
Med. Doct., Pathol. & Clin. Prof., 20 Septemb. 1768.
Loco G. H. Eisenmann.

Anatomiæ & Chirurgiæ Prof., 1759.

PFEFFINGER, Johannes Daniel, Argent. (B. U.)

Natus 15 Novemb. 1661.
Denatus 24 Novemb. 1724.
Theol. Doct., 29 Julii 1706. (25 Junii 1706.)
Theologiæ Professor, 22 Maii 1705.

Super. Gymnas. Poëta & ad. D. Guil. Ecclesiast., 1701.
Super. Gymnas. Latin. linguæ ac Mathemat. Præcept. & ad D. Guil. Ecclesiast., 1702.
Theol. Prof. publ. ord. & Ecclesiastes, 1706.

PFLÜGER, Johannes Baptista.

Natus 1742.
Denatus 1820.
Phil. Doct.
Philosophiæ Professor in Universitate episcopali, 1782.
Curé de Rosheim, 1803.

PICHELMAYER, Paulus (*S. J.*), Bensheim. - Hassus.

Natus 14 Julii 1719.
Denatus (Fuldæ) 15 Decemb. 1767.
Logicæ Professor in Schola Molshemiana, 1752 - 1753.
Loco B. Soherr.
Physicæ, Ethicæ & Metaphysicæ Professor in Schola Molshemiana, 1753 - 1754.
Loco B. Soherr.
Logicæ Professor in Academia Bambergensi, 1754 - 1755.
Physicæ Professor in Academia Bambergensi, 1755 - 1756.
Polemicæ Professor in Schola Molshemiana, 1757 - 1759.
Polemicæ & Scripturæ Sanctæ Professor in Schola Molshemiana, 1759 - 1762.
Director Seminarii Fuldensis.

PIERTZ, Leonardus (*S. J.*), Wolffsberg. - Carinth.

Natus 9 Novemb. 1662.
Denatus (Molshem.) 4 Decemb. 1741.
Theol. Doct.
Mathematum æ Ethices Professor in Academia Bambergensi, 24 Februar. ad finem 1696.
Theologiæ scholasticæ Professor in Academia Molshemiana, 1699 - 1701.
Theologiæ Professor in Universitate Würzburgensi, 1702 - 1705.

Theologiæ scholasticæ Professor in Schola Molshemiana, 1715-1726.

Loco J. Bilonius.

Procurator Scholæ Molshemianæ, 1729-1734.
Professor emeritus, 1739.

PIGENOT, Franciscus Conrad (*S. J.*), Belfortens.

Natus 28 Maii 1711.
Denatus (in Alsatia) 1780.
Theologiæ moralis Professor in Universitate episcopali, 1757-1759.

Loco C. Collot.

PIMBEL, Benoît-Balthasar, d'Obernai (Bas-Rhin).

Né 16 Janvier 1787.
Décédé (Châtenois) 25 Août 1850.
Professeur de dogme au Grand Séminaire catholique, 1822.
Curé à Châtenois, 1831.

PISCATOR (Fischer), Johannes, Argent.

Natus 27 Mart. 1546.
Denatus (Herbornæ) 26 Julii 1625.
Theol. Doct.
Theologiæ Professor, 1571.

Dimissus 27 Junii 1571.

Portrait non signé.

PLANER, Andreas, Botzen-Tyrol.

Natus 1546.
Denatus 1607.
Med. Doct. (Tubingæ), 19 Decemb. 1569.
Philosophiæ Professor, 1573.
Medicinæ Professor, 1574.

Abiit Tubingam Maio 1578.

POMPERNETZ, Johannes (*S. J.*), Ruppertsberg.-Palat.

Natus 24 Julii 1653.
Denatus (Selestad.) 15 Martii 1734.
Logicæ Professor in Academia Molshemiana, 1687-1688.

Loco S. Gœhausen.

Physicæ Professor in Academia Molshemiana, 1688-1689.

Loco S. Gœhausen.

PRECHTER, Johannes Carolus, Argentin. (B. U.)

Natus 16 Januar. 1587.
Denatus 3 Junii 1635.
Prætor, 1626.
Universitatis Cancellarius, 21 Octob. 1633.

PREVOST, Ludovicus (*S. J.*), Autun.

Natus 14 Januar. 1677.
Denatus (Dijon) 26 Julii 1730.
Phil. Doct.

Logicæ Professor in Universitate episcopali, 1709-1710.
Loco D. Jeannolle.
Physicæ Professor in Universitate episcopali, 1710-1711.
Loco D. Jeannolle.
Logicæ Professor in Collegio Augustodunensi, 1711-1712.
Præfectus Scholarum in Collegio Divionensi, 1722-1723.

Probst, Henricus (*S. J.*), Heiligenstadt.
Natus 1634.
Denatus (Erfurt.) 15 August. 1683.
Logicæ Professor in Academia Bambergensi, 1665-1666.
Physicæ Professor in Academia Bambergensi, 1666-1667.
Metaphysicæ Professor in Academia Bambergensi, 1668-1669.
Theologiæ Professor in Academia Fuldensi.
Theologiæ moralis Professor in Academia Bambergensi, 1673-1675.
Theologiæ scholasticæ Professor in Academia Molshemiana, 1675-1676.
Loco H. Gerard.

Prudhomme, Jacobus (*S. J.*), Mézières.
Natus 22 Octob. 1642.
Denatus (Argent.) 16 Januar. 1689.
Philosophiæ Professor in Universitate Mussipontana, 1679-1680.
Physicæ Professor in Universitate Mussipontana, 1681-1682.
Theologiæ scholasticæ Professor in Seminario episcopali, 1685-1688.

Prugnon, Franciscus Henricus (*S. J.*), Nancy.
Natus 12 Septemb. 1710.
Denatus (Nancy) 4 Novemb. 1782.
Theologiæ moralis Professor in Universitate episcopali, 1750-1755.
Loco F. Schmaltz.
Scripturæ sanctæ Professor in Universitate Mussipontana, 1755-1765.

Rabus, Ludovicus, Memmingens.
Natus 1524.
Denatus (Ulm) 1592.
Theol. Doct.
Theologiæ Professor, 1555.
Abiit Ulmam, 1558,

Ræder, Michael (*S. J.*), Wegfurth.-Bavar.
Natus 17 Octob. 1715.
Denatus post 1766.
Theologiæ scholasticæ Professor in Schola Molshemiana, 1752-1754.
Loco J. Hornigk.
Theologiæ scholasticæ & Juris Canon. Professor in Schola Molshemiana, 1754-1755.
Theologiæ Professor in Universitate Heidelbergensi, 1756.

Theologiæ scholasticæ & Linguæ hebrææ Professor in Schola Molshemiana, 1761-1762.

Loco C. Vogel.

RÆSS, André, de Sigolsheim.

Né 6 Avril 1794.
Décédé 17 Novembre 1887.
Docteur en théologie.
Professeur de dogme, d'Écriture sainte et d'éloquence sacrée au Grand Séminaire catholique, 1831-1836.
Supérieur du Grand Séminaire catholique, 1831.

Loco Th. Lienhart.

Évêque de Rhodiopolis, Suffragant de l'évêque de Strasbourg, 14 Février 1841.
Évêque de Strasbourg, 27 Août 1842.

Portrait lithographié par Ch. A. Schuler. 1841
Portrait lithographié par Bœhm.
Portrait lithographié par Th. Mainberger.
Portrait lithographié par L. C. Morhain.
Portrait lithographié par Perrin.

RANDERATH, Jacobus (*S. J.*), Coblenz.

Natus 15 Februar. 1683.
Denatus 28 Martii 1746.
Logicæ Professor in Academia Bambergensi, 1723-1724.
Physicæ Professor in Academia Bambergensi, 1724-1725.
Metaphysicæ Professor in Academia Bambergensi, 1725-1726.
Theologiæ moralis Professor in Schola Molshemiana, 1726-1727.

Loco H. Reeb.

Polemicæ Professor in Schola Molshemiana, 1733-1735.

Loco G. Pfanzert.

RANDORFF, Nicolaus (*S. J.*), Wegfurth.-Bavar.

Natus 1639.
Denatus ante 1678.
(?) Logicæ Professor in Academia Molshemiana, 1670-1671.

Loco (?)

(?) Physicæ Professor in Academia Molshemiana, 1671-1672.

Loco (?)

Metaphysicæ Professor in Academia Molshemiana, 1672-1673.

Loco (?)

RANG, Philippus Christianus, Argent. (B. U.)

Natus 18 April. 1709.
Denatus 12 Decemb. 1755.
Phil. Doct., 4 Maii 1747.
Jur. Doct., 1 August. 1754. (26 Januar. 1743.)
Logices & Metaphysices Professor, 3 Novemb. 1747.

Loco J. J. Witter.

RAUHFUSS, Petrus, *vide* DASYPODIUS.

RAUSCHER junior.
Natus
Denatus
Professor in Seminario episcopali, 17.. - 1785.

RAUSSIN, Johannes Ludovicus (*S. J.*), Stenay.
Natus 16 Maii 1695.
Denatus
Philosophiæ Professor in Universitate Mussipontana, 1713 - 1714.
Matheseos Professor in Universitate episcopali, 1722 - 1723.
Logicæ Professor in Universitate episcopali, 1724 - 1725.
Loco J. A. Febvre.
Physicæ Professor in Universitate episcopali, 1725 - 1726.
Loco J. A. Febvre.
Rector Universitatis Mussipontanæ, 1752 - 1756.
Rector Universitatis episcopalis, 19 Novemb. 1759 - 2 Junii 1764.
Loco D. Bernard.

REBHAN, Johannes, Rœmhild-Coburgens. (B. U.)
Natus 14 Februar. 1604.
Denatus 30 Septemb. 1689.
Jur. Doct., 15 Martii 1637. (1637.)
Juris Professor, 17 Novemb. 1637.
Loco G. D. Locamer.
Comes palatinus Cæsareus, 1662.

JCtus, Com. Palat. Cæs., Cod. & Feudal. Consuet. Prof. publ., 1667.
JCtus, Com. Palat. Cæs., Divers. Statuum Imper. Consil., Antecessor senior, 1672.
Univ. & Colleg. Jurid. Senior, Cap. Coll. ad D. Thom. Præpos., S. Cæs. Palat. Consil., Cod. & Feud. Prof. publ. ord., 1686.
Portrait par P. Aubry. 1664.
Portrait par J. A. Seupel. 1689.

RECHBURGER, Arbogast.
Natus
Denatus 2 April. 1580.
Prætor, 1576.
Universitatis Cancellarius, 1574.

REDSLOB, François-Henri, de Strasbourg.
Né 25 Mars 1770.
Décédé 23 Novembre 1834.
Professeur au Gymnase protestant, 1796.
Professeur suppléant de philosophie au Séminaire protestant, 1812.
Professeur de philosophie au Séminaire protestant, 16 Février 1817.
Professeur d'éloquence sacrée à la Faculté de théologie, 1822.
Professeur de dogme à la Faculté de théologie, 1832.
Loco J. G. Dahler.
Portrait lithographié par Ch. A. Schuler, 1834.
Portrait lithographié par Ch. A. Schuler, 1841.

Reeb, Henricus (*S. J.*), Hagenoëns.

Natus 18 Novembr. 1695.
Denatus ante 1750.
Minister Scholæ Molshemianæ, 1718.
Logicæ Professor in Schola Molshemiana, 1718-1719.
Loco G. Herman.
Physicæ Professor in Schola Molshemiana, 1719-1720.
Loco G. Herman.
Matheseos Professor in Academia Bambergensi, 1720-1721.
Theologiæ moralis Professor in Schola Molshemiana, 1722-1726.
Loco A. Cetti.
Minister Scholæ Molshemianæ, 1726.

Reeb, Nicolaus (*S. J.*), Hagenoëns.

Natus 15 (*vel* 10) Octob. 1680.
Denatus (Hagenoæ) 7 Martii 1754.
Philosophiæ Professor in Academia Fuldensi, 1717.
Philosophiæ Professor in Universitate Würzburgensi.
Theologiæ moralis Professor in Schola Molshemiana, 1718-1719.
Loco A. Gruber.
Rector Scholæ Molshemianæ, 1721-1722.
Loco G. Lossmann.
Rector Scholæ Molshemianæ, 1726-1729.
Loco G. Lossmann.
Rector Scholæ Molshemianæ, 2 April. 1736-9 August. 1739.
Loco I. Flory.
Rector Collegii Hagenoënsis, 11 Januar. 1753.

Rees, Theodorus (*S. J.*)

Natus
Denatus
Rector Academiæ Molshemianæ, 1619-1620.

Reffay, Henricus (*S. J.*), Robécourt-Vosges.

Natus 1575.
Denatus (Spiræ) 11 August. 1632.
Theologiæ scholasticæ Professor in Academia Molshemiana, 1619-1623.
Rector Academiæ Spirensis.

Refflingshausen, Wendelin (*S. J.*), Moguntin.

Natus 5 Junii 1684.
Denatus ante 1751.
Logicæ Professor in Academia Bambergensi, 1719-1720.
Physicæ Professor in Academia Bambergensi, 1720-1721.
Metaphysicæ Professor in Academia Bambergensi, 1721-1722.
Theologiæ moralis Professor in Schola Molshemiana, 1727-1730.
Loco U. Fimberger.

Regius, Ernestus, Lunæburg.

Natus 1526.
Denatus
Græcæ linguæ & Ethices Professor, 1567.

REICHARD, Johannes Christophorus, Argentin. (**B. S.**)
Natus 1 Junii 1667.
Denatus 5 Julii 1743.
XIII vir, 1726.
Scholarcha, 22 April. 1730.

REICHELT, Julius, Argent. (**B. U.**)
Natus 5 Januar. 1637.
Denatus 19 Februar. 1717.
Phil. Doct. 26 April. 1660.
Geographiæ & Historiarum Professor, 16 August. 1667.
Mathematum Professor, 1673.

REINER, Ludovicus (*S. J.*), Argent.
Natus 16 August. 1721.
Denatus (Argent.) 8 Januar. 1758.
Physices experimentalis Professor in Universitate Wratislawia, Provincia Bohemiæ, 1749-1753.
Mathematum Professor in Universitate episcopali, 1753-1754.
Præfectus Scholarum in Universitate episcopali, 1754-1756.

REINHARD, Johannes, Alzensis-Hassus.
Natus
Denatus
Logices & Metaphysices Professor, Junio 1568.

REISSEISSEN, Franciscus, Argentin.
Natus 30 Octob. 1631.
Denatus 23 Decemb. 1710.
Consul, 1677, 1683, 1689, 1695, 1701 et 1707.
Scholarcha, 1686.
Portrait par J. A. Seupel.

REISSEISSEN, Johannes Daniel, Argent. (**B. U.**)
Natus 18 Januar. 1735.
Denatus 23 Februar. 1817.
Jur. Doct. 26 Septemb. 1776. (19 Decemb. 1761.)
Juris Professor extraordin., 9 Junii 1768.
Juris Professor, 4 Maii 1770.
Professeur de jurisprudence, de droit naturel et des gens et de droit public d'Allemagne à l'Académie protestante.

J. U. D., Pand. & Jur. canon. Prof. publ. ord., 1777.

RÉON, Franciscus (*S. J.*), Mont-Saint-Martin, Mosell.
Natus 1 Novemb. 1714.
Denatus
Logicæ Professor in Universitate episcopali, 1748-1749.
Loco G. Schoffit.
Physicæ Professor in Universitate episcopali, 1749-1750.
Loco G. Schoffit.
Dimissus, 1750.

REUCHLIN, Antonius, *vide* CAPNIO.

REUCHLIN, Fridericus Jacob, Gerstheim. (B. U.)
Natus 21 Maii 1695.
Denatus 3 Junii 1788.
Theol. Doct., 1 Octob. 1733. (3 Julii 1733.)
Theologiæ Professor, 31 August. 1731.
Loco E. Silberrad.
Theol. Doct. & Prof. ac Convent. eccles. Præses, 24 Januar. 1761.

Theologiæ Professor publ. ord. & Ecclesiastes liber, 1733.
Portrait par Hegy.
Portrait par C. Guérin. 1791.
Portrait par C. Guérin. Copie non signée.
Silhouette gravée, non signée.

REUCHLIN, Johannes Caspar, Argent. (B. U.)
Natus 8 Octob. 1714.
Denatus 29 Martii 1767.
Theol. Doct., 1 Julii 1751. (15 Junii 1751.)
Poëseos Professor 28 Januar. 1746.
Ecclesiarum Ducatus Altemburgici Superintendens generalis, 1751.

Poëseos Prof. publ. ord. & Ecclesiastes, 1750.
Portrait par J. C. G. Fritsch.

REUSS, Édouard-Guillaume-Eugène, de Strasbourg.
Né 18 Juillet 1804.
Décédé 15 Avril 1891.
Docteur en théologie (Iéna), 26 Mai 1843.
Docteur en philosophie (Halle), 25 Février 1873.
Professeur agrégé au Séminaire protestant, 3 Décembre 1834.
Professeur au Séminaire protestant, 27 Juillet 1836.
Chargé du cours de morale à la Faculté de théologie, 26 Octobre 1838.
Chargé du cours d'exégèse à la Faculté de théologie, 17 Juin 1864.
Loco Th. Fritz.
Professeur d'exégèse à la Faculté de théologie, 25 Janvier 1865.
Professeur à l'Université de Strasbourg, 1 Mai 1872.
Professeur émérite, 1 Septembre 1888.
Photogravure. Goupil & Cie à Paris.

REUSSNER, Jean-Frédéric, de Strasbourg.
Né 3 Juillet 1823.

Licencié ès lettres, 1848.
Chargé du cours d'hébreu au Séminaire protestant, 1857.
Professeur des langues grecque et latine au Séminaire protestant, 19 Avril 1864.
Bibliothécaire à la Bibliothèque de l'Université, 1 Mai 1872.

REUSNER, Nicolaus, Lœberg-Siles.
Natus 2 Februar 1545.
Denatus 12 April 1602.

Jur. Doct. (Basil.), 1583.
Juris Professor, 1 Novemb. 1585.
Abiit Ienam 1588.

Portrait par de Bry.

RHEHAGIUS, Nicolaus.
Natus
Denatus 1604.
Oratoriæ Professor, circa 1554.

RICHARD, Mathias, de Mulhouse.
Né 25 Mars 1795.
Décédé 14 Janvier 1869.
Professeur de dogmatique réformée à la Faculté de théologie, 28 Novembre 1820.
Professeur honoraire, 1 Décembre 1867.

RICHART, Petrus (*S. J.*), Utrecht.
Natus 18 April. 1600.
Denatus (Bamberg.) 28 Januar. 1679.
Theol. Doct.
Controversiæ Professor in Academia Molshemiana, 1656-1657.
Theologiæ moralis Professor in Academia Molshemiana, 1657-1658.
Loco G. Harlass.
Theologiæ moralis Professor in Academia Bambergensi, 1658-1662.
Vice-Cancellarius & Theologiæ scholasticæ Professor in Academia Molshemiana, 1663-1666.
Loco E. Sartorius.
Cancellarius & Theologiæ scholasticæ Professor in Academia Molshemiana, 1666-1667.
Theologiæ Professor in Academia Bambergensi, 1668-1672.
Cancellarius Academiæ Bambergensis, 1672-1679.

RIHEL, Josias, Hagenoëns. (B. S.)
Natus 16 April. 1525.
Denatus 5 Martii 1597.
XIII vir, 21 Januar. 1590.
Scholarcha, 11 Novemb. 1588.

RIHEL, Philippus.
Natus Martio 1564.
Denatus Septemb. 1608.
Præceptor in Gymnasio.
Historiarum Professor, 1606.

RIPPEL, Gregorius (*S. J.*), Selestadiens.
Natus
Denatus
Logicæ Professor in Schola Molshemiana, 1713-1714.
Loco C. Mais.
Physicæ Professor in Schola Molshemiana, Januar.-Mart. 1715.
Loco C. Mais.

RIPPERBERGER, Laurentius (*S. J.*).
Natus
Denatus
Logicæ Professor in Academia Molshemiana, 1619-1620.
Physicæ Professor in Academia Molshemiana, 1620-1621.
Loco G. Ommeren.
Metaphysicæ Professor in Academia Molshemiana, 1621-1622.
Loco J. Joannes.

RISSE, Johannes (*S. J.*), Neheim.-Westphal.
Natus 24 Novemb. 1636.
Denatus (Fuldæ) 20 Octob. 1696.
Theol. Doct.
Theologiæ Professor in Academia Molshemiana, 1672-1676.
Theologiæ Professor in Universitate Würzburgensi, 1676-1681.
Rector Academiæ Molshemianæ, 26 Octob. 1683-16 Julii 1691.
Rector et Theologiæ positivæ Lector in Academia Molshemiana, 1686-1687.
Rector Collegii Hagenoensis.
Rector Collegii Bambergensis, 27 Januar. 1693-17 Maii 1696.
Rector Collegii Fuldensis, 1696.

RIXINGER, Daniel, Argent. (B. U.)
Natus 1561.
Denatus 6 Julii 1633.
Med. Doct. (Basil.), 1602.
Præceptor in Gymnasio.
Logices & Metaphysices Professor, 1 Maii 1600.

Ex Facultate philosophica Facultatis medicæ Assistens, 1600.
Portrait par I. Brunn, 1618.

ROBINET, Ludovicus Germanus (*S. J.*), Auxerre.
Natus 13 April. 1686.
Denatus (Nanceii) 25 Novemb. 1737.
Phil. Doct., 1723.
Logicæ Professor in Collegio Divionensi, 1722-1723.
Scripturæ Sanctæ Professor in Universitate episcopali, 1724-1727.

ROBINET (DE CLÉRY), Petrus (*S. J.*), Stenay.
Natus 21 Martii 1656 (*vel* 22 Martii 1652).
Denatus (Argent.) 7 Novemb. 1738.
Theologiæ scholasticæ Professor in Universitate Mussipontana, 1691-1692.
Theologiæ scholasticæ Professor in Seminario episcopali, 1692-1698.
Loco N. Maucervel.
In Dania, cum Legato Galliæ apud Regem Daniæ, 1700-1701.
Rector Universitatis episcopalis, 14 Maii 1701-2 Novemb. 1704.
Rector Collegii Rhemensis, 1704-1705.
Confessarius Philippi V, Regis Hispaniæ, 1705-1715.
Vice-Rector Universitatis episcopalis, 1715-1716.

Rector Universitatis episcopalis, 1716-22 Februar. 1719.
Loco L. Laguille.
Præpositus Provinciæ Campaniæ, 1721-1724.
Rector Universitatis episcopalis, 16 Januar. 1725-2 Maii 1728.
Loco L. Laguille.

RODENBACH (*S. J.*), Luxemburgens.
Natus
Denatus (Molshem.) 1659.
Logicæ Professor in Academia Molshemiana, 1656-1657.
Loco P. Cron.
Physicæ & Matheseos Professor in Academia Molshemiana, 1657-1658.
Loco P. Cron.
Metaphysicæ Professor in Academia Molshemiana, 1658-1659.
Loco P. Cron.

RŒDERER, Johannes Michael, Argent. (B. U.)
Natus 30 August. 1740.
Denatus 14 Junii 1798.
Med. Doct., 18 August. 1768. (23 Junii 1768.)
Medicinæ Professor extraord., 1779.
Medicinæ Professor 27 Januar. 1784.

Anatomiæ & Chirurgiæ Professor, 1784.
Pathologiæ Professor, 1785.

RŒST, Petrus (*S. J.*), Noviomagens.-Geldr.
Natus 1562.
Denatus (Colon.-Agripp.) 17 April. 1642.
Theol. Doct. (Würzburg.), 25 Septemb. 1602.
Philosophiæ Professor in Universitate Würzburgensi, 1591-1598.
Scholasticæ Professor in Universitate Würzburgensi, 1602-1611.
Theologiæ Professor in Academia Moguntina.
Theologiæ Professor in Academia Molshemiana, 1617-1618.
Theologiæ Professor in Academia Trevirensi, 1619-1625.
Theologiæ Professor in Academia Coloniensi.

RORIVE, Matthias (*S. J.*)
Natus
Denatus
Theologiæ scholasticæ Professor in Academia Molshemiana, 1619-1630.

ROSELLI, Jacobus (*S. J.*)
Natus
Denatus
Logicæ Professor in Academia Molshemiana, 1632-1633.

ROSSÉ, Joseph, de Dannemarie (Haut-Rhin).
Né 1 Février 1836.

Professeur de morale au Grand Séminaire catholique, 1867-1889.
Chanoine honoraire de la Cathédrale, 1882.

Rossi, Valentinus, *vide* Erythræus.

Roth, Georgius (*S. J.*), Mettensis.-Bavar.
Natus 10 Novemb. 1630.
Denatus (Würzburg.) 1673.
Theol. Doct.
Logicæ Professor in Academia Molshemiana, 1665-1666.
Loco A. Borler.
Physicæ Professor in Academia Molshemiana, 1666-1667.
Loco A. Borler.
Metaphysicæ Professor in Schola Molshemiana, 1667-1668.
Loco A. Borler.
Matheseos Professor in Universitate Würzburgensi, 1669.
Theologiæ moralis Professor in Universitate Würzburgensi, 1672-1673.

Rupp, Johannes (*S. J.*), Niederglein-Hassus.
Natus 2 Septemb. 1700.
Denatus 15 Junii 1776.
Theol. Doct.
Minister Scholæ Molshemianæ, 1735.
Logicæ Professor in Schola Molshemiana, 1734-1735.
Loco J. Geiger.
Physicæ Professor in Schola Molshemiana, 1735-1736.
Loco J. Geiger.
Minister Scholæ Molshemianæ, 1739-1740.
Scripturæ Sanctæ Professor in Schola Molshemiana, 1739-1741.
Loco J. Eimer.
Theologiæ scholasticæ Professor in Schola Molshemiana, 10 April. 1741-1744.
Theologiæ scholasticæ et Juris canonici Professor in Schola Molshemiana, 1744-1746.
Loco M. Gertner.
Theologiæ Professor in Universitate Heidelbergensi, 1747-1758.

Ruppen, Johannes Petrus (*S. J.*), Laucen., Diœc. Sedunensis.
Natus 18 Junii 1683.
Denatus (Argent.) 17 Junii 1730.
Logicæ Professor in Universitate episcopali, 1722-1723.
Loco J. A. Febvre.
Physicæ Professor in Universitate episcopali, 1723-1724.
Loco J. A. Febvre.
Theologiæ positivæ Professor in Universitate episcopali, 1727-1730.
Loco A. L. Noiron.

Sabatier, Louis-Auguste, de Vallon (Ardèche).
Né 22 Octobre 1839.

Docteur en théologie 9 Avril 1870.

Chargé du cours de dogme réformé à la Faculté de théologie, 13 Janvier 1868.

Loco M. Richard.

Professeur de dogme réformé à la Faculté de théologie, 21 Décembre 1868.

Parti pour Paris Mars 1872.

Professeur à la Faculté de théologie de Paris, 15 Mai 1877.

SACHS, Johannes Jacob, Argent. (B. U.)

Natus 9 Decemb. 1686.
Denatus 18 Junii 1762.
Med. Doct., 26 Martii 1711.
Physices Professor, 1721.
Medicinæ Professor, 6 Martii 1733.

SACHS, Johannes Melchior, Norimbergens. (B. U.)

Natus 16 Julii 1626.
Denatus 9 Februar. 1666.
Jur. Doct. (17 Octob. 1649.)
Juris Professor, 2 Mart. 1658.

U. J. D., Inst. Imp. Prof. ord., 1659.

SÆTTLER, Caspar.

Natus
Denatus 24 Octob. 1779.
Theol. Doct.
Theologiæ Professor in Universitate episcopali.

Theol. Doct. & Prof., Parochus in Weyersheim & Capitul. Hagenoens. infer. Definitor, 1772.

Theologiæ Doct. & Prof., ad D. Petrum seniorem Canon. capitul., 1778.

SAINT-QUENTIN (de).

Natus
Denatus (Ettenheim) 1794.
Professor in Seminario episcopali, 1788-1791.

SALTZMANN, Johannes, Argent. (B. U.)

Natus 29 Junii 1679.
Denatus 4 Februar. 1738.
Med. Doct., 1706. (27 Julii 1703.)
Medicinæ Professor, 8 Maii 1708.

Med. Doct., Pathol. Prof. publ. ord.
Med. Doct., Anatom. Prof. publ.
Med. Doct., Anatom. & Chirurg. Prof. publ. ord.

SALTZMANN, Johannes Rudolphus, Argent. (B. U.)

Natus 9 April. 1574.
Denatus 13 Decemb. 1656.
Med. Doct. (Basil.), 26 Januar. 1598.
Medicinæ Professor, Novemb. 1611.

Saltzmann, Johannes Rudolphus, Argent. (B. U.)
Natus 13 Octob. 1611.
Denatus 1 Junii 1678.
Med. Doct., 16 Octob. 1637. (Octobre 1637.)
Physices Professor, 15 Septemb. 1643.

Ex Facultate Philos. Facultatis medicæ Assistens, 1668.
Portrait par P. Aubry. 1637.
Portrait par P. Aubry. (Variante.)

Sapidus (Witz), Johannes, Selestadiens.
Natus 1490.
Denatus 8 Junii 1561.
Poëseos Professor, 1540.

Sartorius, Eucharius (*S. J.*), Kissingen.
Natus 4 Octob. 1610.
Denatus (San-Remo) 18 Martii 1673.
Theol. Doct.
Logicæ Professor in Universitate Würzburgensi, 1644.
Theologiæ Professor in Academia Moguntina.
Cancellarius Academiæ Molshemianæ, 1657-1663.
Loco J. Joannis.

Sartorius, Petrus (*S. J.*), Cassel.
Natus 6 April. 1665.
Denatus 3 August. 1735.
Logicæ Professor in Academia Bambergensi, 1701-1702.
Physicæ Professor in Academia Bambergensi, 1702-1703.
Theologiæ moralis Professor in Schola Molshemiana, 1705-1709.
Loco L. Stein.
Theologiæ moralis Professor in Academia Bambergensi, 1716-1717.
Missionarius in Alsatia, 1717.
Theologiæ moralis in Schola Molshemiana, 1722-1723.
Loco A. Cetti.

Sattler, François-Joseph, d'Eguisheim, (Haut-Rhin).
Né 5 Février 1821.

Professeur d'histoire au Grand Séminaire catholique, 1857.
Loco S. Schirlin.
Supérieur de la Congrégation des Sœurs de Niederbronn, 1867.
Supérieur de Marienthal, 1872.
Chanoine de la Cathédrale, 1884.

Sauthier, Josephus Philippus (Abbé), Argent.
Natus 11 Julii 1751.
Denatus (Paris), 1830.
Phil. Doct.
Theol. Doct. (4 August. 1775.)
Logicæ Professor in Universitate episcopali, 17..-1785.
Physicæ Professor in Universitate episcopali, 1785-1789.
Professor in Seminario episcopali, 1789-1790.

Professeur au Grand Séminaire catholique, 1802.
Chanoine honoraire de la Cathédrale de Strasbourg (1803) et du Chapitre royal de Saint Denis.
Professeur de philosophie à la Faculté des lettres, 20 Juillet 1809.
Admis à la retraite, 1817.
Supérieur des Sœurs de la Charité, 1813.
Chapelain de G. M. J. Prince de Croy, Évêque de Strasbourg, 1820-1823.
Vicaire général honoraire (1823) et Chanoine de Saint-Denis.

Theol. Licent., Philos. Doct. & Professor, 1778.
Theol. Doct., Philos. Prof., 1788.

SCHAAL, Josephus (*S. J.*), Molsheim.
Natus 8 August. 1731.
Denatus post 1766.
Logicæ Professor in Schola Molshemiana, 1765.
Loco J. Schramm.

SCHAAL, Franciscus.
Natus
Denatus
Philos. Doct.
Philosophiæ Professor in Universitate episcopali, 1773.

SCHADÆUS, Elias, Liebenwerdens.-Boruss.
Natus
Denatus 3 Decemb. 1593.
Theol. Doct.
Hebrææ linguæ Professor, 1586.
Theologiæ Professor, 1589.

SCHÆFFER, Balthasar (*S. J.*), Hoffbiber.-Bavar.
Natus 6 Januar. 1691.
Denatus post 1753 et ante 1767.
Philosophiæ Professor in Universitate Würzburgensi, 1727.
Theologiæ moralis Professor in Schola Molshemiana, 1730-1732.
Loco W. Refflingshausen.

SCHALLER, Jacobus, Heiligensteinens.-Alsat. (B. U.)
Natus 26 Februar. 1604.
Denatus 24 Junii 1676.
Theol. Doct., 27 Februar. 1634. (12 Decemb. 1633.)
Philosophiæ practicæ Professor, 14 August. 1633.
Loco L. F. Walliser.

Portrait par P. Aubry.

SCHALLESIUS, Samuel, Argent. (B. U.)
Natus 9 Maii 1617.
Denatus 1 Octob. 1676.
Præceptor in Gymnasio, 1643.
Eloquentiæ latinæ Professor, 7 Aug. 1660.
Loco R. Kœnigsmann.
Director Gymnasii, 1666-1676.

Portrait non signé.

SCHARFFBILLICH, Johannes (*S. J.*), Treviran.
Natus
Denatus
Rector Academiæ Molshemianæ, 1639-1646.

SCHEFFMACHER, Jacobus (*S. J.*), Kienzheim.-Alsat.
Natus 27 April. 1668.
Denatus (Argent.) 18 August. 1733.
Theol. Doct. (Argent.), 8 Julii 1704.
(?) Theologiæ Professor in Universitate episcopali.
Rector Universitatis episcopalis, 3 Maii 1728-25 Julii 1731.
Loco P. Robinet.

SCHEID, Baltasar. (B. U.)
Natus 21 Decemb. 1614.
Denatus 26 Novemb. 1670.
Theol. Doct., 7 Decemb. 1652. (10 Maii 1644.)
Præceptor in Gymnasio.
Linguarum SS. Prof., 2 Junii 1649.
Loco B. Gros.
Græcæ linguæ Professor, 29 Octob. 1649.
Hebrææ linguæ Professor, 16 April. 1651.
Loco N. Ferber.

SCHEID, Johannes Valentinus, Argent. (B. U.)
Natus 22 April. 1651.
Denatus 21 Maii 1731.
Med. Doct., 7 Octob. 1680. (27 Februar. 1676.)
Physices Professor, 9 Decemb. 1679.
Loco J. R. Saltzmann.
Medicinæ Professor extraordinarius, 22 Novemb. 1680.
Medicinæ Professor, 17 Mart. 1685.

Medic. Facult. Assistens, 1681.
Anatomiæ Prof., 1685.
Pathologiæ Prof., 1701.
Portrait à la manière noire, non signé.

SCHELLIGER, Petrus (*S. J.*), Würzburg.
Natus 5 August. 1698.
Denatus ante 1753.
Polemicæ Professor in Schola Molshemiana, 1730-1731.
Loco M. Gertner.

SCHERER, Johannes Fridericus, Argent. (B. U.)
Natus 18 Octob. 1702.
Denatus 30 August. 1777.
Phil. Doct., 1723.
Græcæ & Hebrææ linguæ Professor, 1740.
Loco J. J. Heupel.
Linguarum Orientalium Professor, 16 Martii 1745.

SCHERER, Michael (*S. J.*), Langenfurth.
Natus 1632.
Denatus (Fuldæ) 7 Novemb. 1701.
Logicæ Professor in Academia Würzburgensi, 1668-1670.
Theologiæ Professor in Academia Molsheimiana, 1682-1683.

Theologiæ polemicæ Professor, 1683.

SCHERTZ (Scherzius), Johannes Georgius, Argent. (B. U.)
Natus 27 Martii 1678.
Denatus 1 April. 1754.
Juris Doctor, 16 Martii 1702. (28 Maii 1701.)
Philosophiæ practicæ Professor, 4 Julii 1702.
Juris Professor, 14 Novemb. 1710.

J. U. & Phil. Doct., Moral. Prof. publ. ord., 1703.
J. U. Doct., ejusdemque Prof. publ. ord., 1710.
J. U. Doct., Pandect. ac Juris publ. Prof. publ. ord., 1722.
J. U. Doct., Pandect. ac Juris canon. Prof. publ. ord., 1730.
J. U. Doct., Institut. Imperial. Prof. ord., 1730.
J. U. Doct., Cod. & Consuet. feud. Prof. publ. ord., 1733.
J. U. Doct., Juris publ. ac feudal. Prof. publ. ord., 1746.

SCHERTZ, Johannes Georgius, Argent. (B. U.)
Natus 18 Februar. 1712.
Denatus 1 Martii 1746.
Phil. Doct., 21 Decemb. 1741.
Physices Professor, 9 Maii 1738.
Mathematum Professor, 19 Maii 1741.
Loco J. H. Hertenstein.

Mathematum Professor in Schola Regia Pyrotechnica, 9 April. 1741.
Universit. & Regiæ Scholæ pyrotechn. Mathemat. Prof. publ. ord., 1743.

SCHERTZ, Johannes Jacobus, Argent.
Natus 21 Octob. 1690.
Denatus 27 Septemb. 1734.
Jur. Doct., 5 Maii 1734. (14 Novemb. 1712.)
Juris Professor, 30 Octob. 1727.

J. U. Ddus, ejusdemque Prof. publ. ord., 1728.
Institut. Imperial. Prof. publ. ord., 1729.
Pandect. & Jur. can. Prof. publ. ord., 1732.

SCHETZER, Johannes (*S. J.*), Coloniens.
Natus 26 Januar. 1672.
Denatus (Fulda), 30 Novemb. 1747.
Logicæ Professor in Schola Molshemiana, 1708-1709.
Loco M. Menshengen.
Physicæ Professor in Schola Molshemiana, 1709-1710.
Loco M. Menshengen.
Logicæ Professor in Academia Bambergensi, 1710-1711.

Physicæ Professor in Academia Bambergensi, 1711-1712.
Metaphysicæ Professor in Academia Bambergensi, 1712-1713.
Philosophiæ Professor in Academia Fuldensi, 1716.
Theologiæ scholasticæ Professor in Schola Molshemiana, 1719-1721.

Loco Th. Wann.

Theologiæ Professor in Academia Fuldensi, 1722.

SCHEYDECK, Benedictus (*O. S. Ben.*), Selestadiens.
Natus
Denatus
Theologiæ Professor in Aprimonasterio. (Ebersmünster.)
Theologiæ Aggregatus in Universitate episcopali, 1767.

SCHILLING, Andreas, Argent.
Natus 2 Novemb. 1593.
Denatus 8 Novemb. 1638.
Med. Doct., 23 August. 1621. (10 Julii 1621.)
Physices Professor, 12 August. 1634.

Loco N. Agerius.

Facultatis medicinæ Professor Assistens.

SCHILTER, Johannes, Pegaviens.-Saxon (B. U.)
Natus 29 August. 1632.
Denatus 14 Maii 1705.
Phil. Doct. (Lipsiæ), 1654.
Juris Doct. (Halæ), 1671.
Juris Professor, 1686.

JCtus, Reipubl. Argent. Consil. primarius, Profess. honorar., 1690.

Portrait par J. A. Scupel. In-folio.
Portrait par J. A. Seupel. In-4°.
Portrait signé M. B.
Portrait par I. I. Haid, Augsbourg. 1705.
Portrait par E. C. Dürr. 1705.
Portrait par Bernigeroth. 1705.
Portrait non signé.

SCHILTZ, Henricus (*S. J.*), Luxemburgens.
Natus 18 Maii 1682.
Denatus (Argent.) 17 August. 1735.
Logicæ Professor in Universitate episcopali, 1711-1712.

Loco A. Grangier.

Physicæ Professor in Universitate episcopali, 1712-1713.

Loco A. Grangier.

Logicæ Professor in Universitate episcopali, 1713-1714.

Loco A. Grangier.

Physicæ Professor in Universitate episcopali, 1714-1715.

Loco A. Grangier.

Theologiæ moralis Professor in Universitate episcopali, 1722-1724.

Loco Th. O'Shee.

Theologiæ scholasticæ Professor in Universitate episcopali, 1724-1735.

Loco S. Clerget.

SCHIRBER, Simon (*S. J.*), Oberstregens.
Natus 20 Februar. 1717.
Denatus post 1766.
Logicæ Professor in Schola Molshemiana, 1755-1756.
Loco J. Lilier.
Physicæ, Ethicæ & Metaphysicæ Professor in Schola Molshemiana, 1756-1757.
Loco J. Lilier.
Minister Scholæ Molshemianæ, 1763-1764.

SCHIRLIN, Sébastien, de Niederspechbach (Haut-Rhin).
Né 15 Juin 1801.
Décédé 30 Décemb. 1868.
Professeur d'histoire et de langues orientales au Grand Séminaire catholique, 1831-1857.
Loco B. B. Pimbel.
Curé à Sierentz, 1857-1867.
Démissionnaire, 1867.

SCHLAGDENHAUFFEN, Frédéric, de Strasbourg.
Né 7 Janvier 1830.

Pharmacien de 1re classe, 1 Décembre 1855.
Docteur ès sciences physiques, 30 Décembre 1857.
Docteur en médecine, 3 Février 1863.
Professeur agrégé à l'école de pharmacie, 9 Janvier 1855.
Chargé du cours de toxicologie et de physique à l'école de pharmacie, 14 Janvier 1857.
Loco P. J. A. Béchamp.
Professeur adjoint de toxicologie et de physique à l'ecole de pharmacie, 15 Juillet 1861.
Professeur agrégé à la Faculté de médecine, 3 Juin 1869.
Professeur de toxicologie à l'école libre de pharmacie, 11 Mai 1871-30 Septembre 1872.
Professeur de chimie médicale à l'école libre de médecine, Mai 1871-30 Septembre 1872.
Professeur de physique et de toxicologie à l'école de pharmacie de Nancy, et Professeur agrégé à la Faculté de médecine de Nancy, 1 Octobre 1872.

SCHLINCK, Hubertus (*S. J.*).
Natus
Denatus (Molshem.) 4 Martii 1717.
Logicæ Professor in Schola Molshemiana, 1709-1710.
Loco J. Schetzer.
Physicæ Professor in Schola Molshemiana, 1710-1711.
Loco J. Schetzer.
Theologiæ moralis Professor in Schola Molshemiana, 1714-1716.
Loco J. Oettweiller.
Minister Scholæ Molshemianæ, 1714-1715.

SCHMALTZ, Franciscus (*S. J.*), Scheid.-Spirens.
Natus 30 Septemb. 1705.
Denatus (Weissenburg.) 8 Novemb. 1773.
Physicæ Professor in Universitate episcopali, 1737-1738.
Loco J. Cocquey.
Logicæ Professor in Universitate episcopali, 1738-1739.
Loco J. Cocquey.
Physicæ Professor in Universitate episcopali, 1739-1740.
Loco J. Cocquey.
Theologiæ moralis Professor in Universitate episcopali, 1745-1750.
Loco I. Daucourt.

SCHMIDT, Charles-Guillaume-Adolphe, de Strasbourg.
Né 20 Juin 1812.

Docteur en théologie, 8 Août 1836.
Professeur de théologie pratique au Séminaire protestant, 30 Octobre 1839.
Professeur d'éloquence sacrée à la Faculté de théologie, 21 Avril 1843.
Professeur d'histoire ecclésiastique à la Faculté de théologie, 6 Décembre 1863.
Loco A. Jung.
Professeur à l'Université de Strasbourg, 1 Mai 1872.
Professeur honoraire, 1 Septembre 1877.

SCHMIDT, Johannes, Bautzen-Lusat. (B. U.)
Natus 20 Junii 1594.
Denatus 27 August. 1658.
Theol. Doct., 24 Junii 1623. (24 Junii 1623.)
Theologiæ Professor, 17 Decemb. 1622.
Theol. Doct. & Prof., Convent. ecclesiast. Præses atque Ecclesiast. ord., 1633.
Portrait par S. Stosskoff. 1641.
Portrait par J. ab Heyden.
Portrait par P. Aubry. 1658.
Portrait par P. Aubry.
Portrait par C. Romstedt.
Portrait non signé.

SCHMIDT, Johannes Fridericus, Argentin.
Natus 1577.
Denatus 8 Julii 1637.
Jurisconsultus, 1590.
Portrait par J. ab Heyden. 1631.

SCHMIDT, Sebastianus, Lampertheimens.-Alsat. (B. U.)
Natus 6 Januar. 1617.
Denatus 9 Januar. 1696.
Theol. Doct., 12 April. 1654. (25 Maii 1654.)
Theologiæ Professor, Decemb. 1653.
Loco J. G. Dorsch.

Theol. Doct. & Prof., et Convent. eccles. Præses, 27 Decemb. 1666.

Portrait par I. Friedlein.
Portrait par J. Ch. Boecklin.
Portrait par J. A. Seupel.
Portrait par J. P. Thelott.
Portrait par P. Aubry. Vers 1680.
Portrait signé L. M. Q. 1693.
Portrait non signé. 1694.

SCHNEIDER, Theodorus (*S. J.*), Geinsheim.-Palat.
Natus 7 April. 1703.
Denatus post 1753 et ante 1765.
Logicæ Professor in Schola Molshemiana, 1736-1737.
Loco I. Morlock.
Physicæ Professor in Schola Molshemiana, 1737-1738.
Loco I. Morlock.
Theologiæ Professor in Universitate Heidelbergensi, 1740.
Abiit ad Missiones Pensylvaniæ, 1751.

SCHNEIDER, Johannes Georgius *dictus* Eulogius, Wipfeld.-Francon.
Natus 20 Octob. 1756.
Denatus (Paris) 1 April. 1794.
Philosophiæ et Græcæ linguæ Professor in Universitate Bonnensi, 1789.
Eloquentiæ & Historarium Professor in Universitate episcopali, 1791.
Accusateur public près le Tribunal criminel de Strasbourg, 1793-1794.

SCHNEIDLER, Johannes (*S. J.*), Neustadiens.-ad-Salam.
Natus 1644.
Denatus 19 April. 1705.
Logicæ Professor in Academia Bambergensi, 1680-1681.
Physicæ Professor in Academia Bambergensi, 1681-1682.
Metaphysicæ et Ethices Professor in Academia Bambergensi, 1682-1683.
Theologiæ moralis Professor in Academia Fuldensi, 1683.
Theologiæ Professor in Academia Bambergensi, 1685-1687.
Theologiæ Professor in Academia Aschaffenburgensi, 1687.
Scripturæ Sanctæ Professor in Academia Molshemiana, 1692-1694.
Loco S. Wüst.
Theologiæ scholasticæ Professor in Academia Molshemiana, 1694-1701.
Loco J. Willemin.
Cancellarius Academiæ Molshemianæ, 1699-1701.
Theologiæ dogmaticæ Professor in Academia Bambergensi, 1701-1705.

SCHNEUBER, Johannes Matthias, Mülheim.-Brisg. (B. U.)
Natus 2 Febuar. 1614.
Denatus 28 Decemb. 1665.
Director Gymnasii, 1649-1665.
Poëseos Professor 6 August. 1665.

SCHÖNMANN, Marcus (*S. J.*), Heiligenstad.
Natus 1613.
Denatus (Erfurt.) 14 Junii 1683.
Theol. Doct. (Bamberg), 19 Septemb. 1667.
Theologiæ moralis Professor in Academia Molshemiana, 1659-1661.
Loco J. Schutz.
Theologiæ Professor in Academia Moguntina.
Juris canonici Professor in Academia Bambergensi, 1665-1667.
Theologiæ dogmaticæ Professor in Academia Bambergensi, 1667-1668.

SCHOEPFLIN, Johannes Daniel, Sultzberg-Bad. (B. U.)
Natus 6 Septemb. 1694.
Denatus 7 August. 1771.
Historiarum & Eloquentiæ Professor, 22 Novemb. 1720.
Loco J. C. Khun.

Histor. & Eloquent. Prof. publ., Eleg. Literar. atque Inscript. Academiæ alterique item Regiæ Anglor. Societat. Adscriptus, 1729.
Consiliarius regius et Franciæ Historiographus, 1739.
Portrait par E. Verhelst, Mannheim.
Portrait par J. R. Metzger.
Portrait par I. I. Haid, Augsbourg.
Portrait par J. Weis.
Portrait lithographié par J. D. Beyer.

SCHOETTEL, Franciscus Joseph.
Natus 1741.
Denatus 1809.
Phil. Doct.
Philosophiæ Professor in Universitate episcopali.
Curé de Marlenheim, 1803.

Phil. Doct. & Prof., 1773.

SCHOFFIT, Johannes Georgius (*S. J.*), Colmariens.
Natus 10 Septemb. 1706.
Denatus
Logicæ Professor in Universitate episcopali, 1747-1748.
Loco N. Cordier.
Physicæ Professor in Universitate episcopali, 1748-1749.
Loco N. Cordier.
Theologiæ scholasticæ Professor in Universitate episcopali, 1749-1757.
Loco J. Cocquey.

SCHOMMARTZ, Petrus (*S. J.*), Spirens.
Natus 1 Martii 1716.
Denatus post 1773.
Logicæ Professor in Schola Molshemiana, 1744-1745.
Loco J. Pettmesser.

Physicæ, Ethicæ & Metaphysicæ Professor in Schola Molshemiana, 1745-1746.

Loco J. Pettmesser.

Schott, Séraphin, de Bennwihr (Haut-Rhin).
Né 15 Février 1834.

Professeur de liturgie et Directeur au Grand Séminaire catholique, 1868.
Curé de Saint-Pierre-le-Jeune, 1875.
Vicaire général de l'Évêché, 1888.

Schrag, Fridericus, Argent.
Natus 10 Decemb. 1647.
Denatus 11 Maii 1718.
Jur. Doct., 6 Maii 1675. (9 Septemb. 1669.)
Juris Professor, 15 Junii 1673.

Abiit, 1698.

Cameræ Imperialis Assessor, 20 Maii 1699.

U. J. D., Instit. Imp. Prof. ord., 1676.
U. J. D., Pandect. & Juris canon. Prof. ord., 1682.

Schramm, Jacobus (*S. J.*), Fuldens.
Natus 25 Julii 1733.
Denatus post 1773.
Logicæ Professor in Schola Molshemiana, 1763-1764.

Loco I. Weisrock.

Physicæ, Ethicæ & Metaphysicæ Professor in Schola Molshemiana, 1764-1765.

Loco I. Weisrock.

Philosophiæ Professor in Academia Bambergensi, 1769.

Schübler, Johannes Paulus, Argentin. (B. U.)
Natus 27 Julii 1643.
Denatus 24 Decemb. 1729.
XIII vir, 31 Januar. 1712.
Scholarcha, 16 Mart. 1726.

Schütz, Johannes (*S. J.*), Geissenheim.-Nassov.
Natus 1614.
Denatus
Theologiæ moralis Professor in Academia Molshemiana, 1658-1659.

Loco P. Richart.

Schurer, Fridericus Ludovicus, Argent.
Natus
Denatus 1794.
Phil. Doct. 6 Octob. 1789.
Physices Professor adjunctus, 10 Septemb. 1789.
Physices Professor. 9 Octob. 1792.

SCHURER, Jacobus Ludovicus, Argent.
Natus 23 Januar. 1734.
Denatus 22 August. 1792.
Med. Doct., 14 August. 1760. (1 August. 1760.)
Physices Professor, 23 Decemb. 1761.

SCHUSTER, Fridericus (*S. J.*), Germersheim.
Natus 10 (*vel* 13) Junii 1710.
Denatus (Fuldæ) 3 Novemb. 1770.
Logicæ Professor in Academia Bambergensi, 1749-1750.
Physicæ Professor in Academia Bambergensi, 1750-1751.
Theologiæ scholasticæ et Juris canonici Professor in Schola Molshemiana, 1756-1757.
Loco Th. Holzclau.

SCHWAB, Casparus (*S. J.*), Luxemburg.
Natus 20 Julii 1659.
Denatus 15 Novemb. 1732.
Theologiæ moralis Professor in Schola Molshemiana, Julio 1712-1713.
Loco L. Herissem.

SCHWEIGHÆUSER, Jean-Godefroy, de Strasbourg.
Né 2 Janvier 1776.
Décédé 14 Mars 1844.
Professeur suppléant à la Faculté des lettres, 19 Juillet 1810.
Professeur suppléant au Séminaire protestant, 3 Novembre 1812.
Professeur de littérature grecque au Séminaire protestant, 17 Février 1816.
Professeur de littérature grecque à la Faculté des lettres, 27 Septembre 1823.
Loco J. Schweighæuser.
Portrait lithographié par Schuster.
Portrait lithographié par J. D. Beyer.

SCHWEIGHÆUSER, Johannes, Argent. (B. U.)
Natus 26 Junii 1742.
Denatus 19 Januar. 1830.
Logices & Metaphysices Professor adjunctus, 1770.
Græcæ & Hebrææ linguæ Professor, 12 Septemb. 1778.
Loco J. F. Scherer.
Professeur de littérature grecque à la Faculté des lettres, 20 Juillet 1809.
Doyen honoraire, 13 Mars 1824.

A. L. M., in Ord. philos. Logic. & Metaph. Adjunctus, 1770.
Græc. & Oriental. Literar. Prof., 1781.
Portrait par Thomson.
Portrait lithographié par J. D. Beyer.
Portrait lithographié par Flaxland.

SCHWEIGHÆUSER, Josephus (*S. J.*), Hagenoëns. (*vel* Herbipolens.).
Natus 17 Julii 1689.
Denatus (Selestadii) 24 Martii 1756.

Logicæ Professor in Schola Molshemiana, 1726-1727.
Loco M. Gertner.
Physicæ Professor in Schola Molshemiana, 1727-1728.
Loco M. Gertner.
Rector Scholæ Molshemianæ, 1747-9 Novemb. 1749.
Loco M. Gertner.

SEBIZ, Johannes Albertus, Argent. (B. U.)
Natus 22 Octob. 1614.
Denatus 8 Februar. 1685.
Med. Doct., 9 April. 1640. (19 Martii 1640.)
Medicinæ Professor, 21 Martii 1652.

Med. Doct., Anatom. & Botan. Prof. ord., 1652.

SEBIZ, Melchior, Falkenberg-Siles.
Natus 1539.
Denatus 19 Junii 1625.
Med. Doct. (Valentiæ), 25 August. 1571.
Medicinæ Professor, 23 Julii 1586.

Med. Prof. emeritus., 1612.

SEBIZ, Melchior, Argent. (B. U.)
Natus 19 Julii 1578.
Denatus 24 Januar. 1674.
Med. Doct. (Basil.), 26 Junii 1610.
Medicinæ Professor, 20 April. 1612.
Loco M. Sebiz.
Comes palatinus Cæsareus, 7 Octob. 1630.
Med. Prof. emeritus, 1668.
Portrait par F. Stimmer.
Portrait par P. Aubry.
Portrait par J. ab Heyden. 1613.
Portrait non signé. 1651.

SEBIZ, Melchior, Argent. (B. U.)
Natus 8 Januar. 1664.
Denatus 10 Novemb. 1704.
Med. Doct., Maio 1691. (30 Septemb. 1688.)
Physices Professor, 3 Decemb. 1695.
Medicinæ Professor, 1702.

Rerum natural. Prof., 1695.
Anatom. & Botan. Prof., 1700.
Portrait J. ab Heyden. 1630.
Portrait par P. Aubry.

SÉDILLOT, Charles-Emmanuel, de Paris.
Né 14 Septembre 1804.
Décédé (Paris) 24 Janvier 1883.
Docteur en médecine (Paris), 29 Décembre 1829.
Médecin inspecteur, 10 Octobre 1861.

Directeur de l'École du service de santé militaire, 1865.
Admis à la retraite, 22 Décembre 1868.
Professeur de clinique chirurgicale à la Faculté de médecine, 9 Août 1841.
Professeur de pathologie externe à la Faculté de médecine, 1855.
Membre de l'Académie des sciences, 4 Juillet 1872.
Portrait par A. Rosé. 1860.

SENDELBACH, Johannes (*S. J.*), Carbach-Francon.
Natus 2 Februar. 1703.
Denatus (Molshem.) 28 Maii 1752.
Logicæ Professor in Schola Molshemiana, 1737-1738.
Loco Th. Schneider.
Physicæ Professor in Schola Molshemiana, 1738-1739.
Loco Th. Schneider.
Philosophiæ Professor in Universitate Heidelbergensi, 1741.
Theologiæ scholasticæ Professor in Schola Molshemiana, 1741-1749.
Loco F. Hardy.
Juris canonici Professor in Schola Molshemiana, 1749-1752.
Loco Ch. Liebrecht.

SERMONET, Franciscus Josephus (*S. J.*), Oberehnheim.-Alsat.
Natus 19 Septemb. 1716.
Denatus (Belfort.) 1794.
Rhetoricæ Professor in Universitate Mussipontana, 1741-1742.
Logicæ Professor in Universitate episcopali, 1749-1750.
Loco F. Réon.
Physicæ Professor in Universitate episcopali, 1750-1751.
Loco F. Réon.
Theologiæ scholasticæ Professor in Universitate Mussipontana, 1755-1762.
Theologiæ scholasticæ Professor in Universitate episcopali, 1763-1765.
Loco J. A. X. Geiger.

SEVENUS, Gerhardus.
Natus
Denatus 1 Februar. 1561.
Præceptor in Gymnasio.
Græcæ linguæ Professor, 1559.

SIFFERT, Franciscus (? Michael Felix) Josephus (*S. J.*), Colmariens.
Natus 29 Septemb. 1709.
Denatus (in Alsatia) 1779.
Philosophiæ Professor in Universitate Mussipontana, 1744-1745.
Philosophiæ Professor in Universitate Mussipontana, 1746-1747.
Theologiæ scholasticæ Professor in Universitate Mussipontana, 1750-1755.
Scripturæ sanctæ Professor in Universitate episcopali, 1755-1760.
Loco C. Collot.

Theologiæ Professor in Universitate Viennensi - Austr., 1760 - 1761.
Scripturæ sanctæ Professor in Universitate episcopali, 1761 - 1765.
Loco G. A. Hunelle.

SIGEL, Philippus, Avolsheim. - Alsat.
Natus
Denatus
Logicæ Professor in Universitate episcopali, 1790 - 1790.
Loco F. A. Klein.

SILBERRAD, Elias, Lampertheim. - Alsat.
Natus 29 August. 1687.
Denatus 5 Julii 1731.
Theol. Doct., 6 Novemb. 1721. (26 Septemb. 1721.)
Philosophiæ practicæ Professor, 25 Octob. 1710.
Theologiæ Professor, 10 Novemb. 1719.
Loco J. C. Barth.
Theol. Doct. & Prof. ac Convent. Eccles. Præses, 26 Junii 1728.

Philos. practic. Prof. publ. ord. atque Ecclesiastes, 1712.
Mor., Civ. & Juris nat. phil. Prof. publ. & Ecclesiastes, 1715.

SILBERRAD, Johannes Martinus, Argent. (B. U.)
Natus 16 Octob. 1707.
Denatus 10 Junii 1760.
Phil. Doct., 8 Novemb. 1736.
Jur. Doct., 1 August. 1754 (29 Maii 1731.)
Poëseos Professor, 9 Decemb. 1735.
Juris Professor, 26 Februar. 1743.

Instit. Imper. Prof. ord., 1746.
J. U. D. & Jur. publ. Prof. publ. ord., 1756.

SIMON, Franciscus (*S. J.*).
Natus
Denatus (Argent.) 18 Februar. 1705.
Logicæ Professor in Universitate episcopali, 1704 - 1705.
Loco G. Beaujour.

SIMON, Franciscus Antonius (*S. J.*), Bernwiller. - Alsat.
Natus 20 Februar. 1713.
Denatus (Argent.) 17 Januar. 1762.
Logicæ Professor in Universitate episcopali, 1743 - 1744.
Loco F. V. Neef.
Physicæ Professor in Universitate episcopali, 1744 - 1745.
Loco F. V. Neef.
Logicæ Professor in Universitate episcopali, 1745 - 1746.
Loco F. V. Neef.
Physicæ Professor in Universitate episcopali, 1746 - 1747.
Loco F. V. Neef.
Controversiæ Concionator in Ecclesia Cathedrali, 1749 - 1754.
Controversiæ Concionator in Ecclesia Cathedrali, 1757 - 1761.

SIMONIS, Ignace, d'Ammerschwihr (Haut-Rhin).
Né 12 Mars 1831.

Professeur d'Écriture sainte et Trésorier au Grand Séminaire catholique, 1864.
Curé à Rixheim, 1866.
Supérieur de la Congrégation des Sœurs de Niederbronn, 1872.
Chanoine honoraire de la Cathédrale, 1876.

SINNITZIUS, Martinus, Argent. (B. U.)
Natus 21 Octob. 1582.
Denatus 9 Septemb. 1634.
Oratoriæ Professor adjunctus, 1628.
Eloquentiæ Professor, 18 Septemb. 1633.
Loco J. C. Dannhawer.
Director Gymnasii, 1627-1634.

SIPHANUS, Laurentius, Prunsfeld.
Natus
Denatus
Græcæ linguæ Professor, circa 1560.

SLEIDANUS (Philippson), Johannes, Schleiden.-Rhenan.
Natus 1506 *vel* 1508.
Denatus 31 Octobr. 1556.
Historiarum Professor, 1542.
Portrait par J. ab Heyden.

SOHERR, Balthasar (*S. J.*), Mannheim.
Natus 29 Junii 1718.
Denatus post 1766.
Logicæ Professor in Schola Molshemiana, 1751-1752.
Loco I. Vœgelin.
Physicæ, Ethicæ & Metaphysicæ Professor in Schola Molshemiana, 1752-1753.
Loco C. Vogel.

SOLL, Conradus (*S. J.*), Mergentheim.-Württ.
Natus 1606.
Denatus (Worms) 30 Januar. 1683.
Physicæ Professor in Academia Molshemiana, 1654-1655.
Metaphysicæ Professor in Academia Molshemiana, 1655-1656.
Loco S. Baunach.

SPACH, Israel, Argent.
Natus 1560.
Denatus 20 April. 1610.
Med. Doct. (Tubingæ), 1581.
Medicinæ & Hebrææ linguæ Professor, Novemb. 1589.

SPECCER, Melchior, Isniens.-Swobac.
Natus
Denatus 12 Decemb. 1569.

Theol. Doct.
Logices & Metaphysices Professor.
Theologiæ Professor, 29 Junii 1557.

Speccer, Tobias, Argent. (B. U.)
Natus 18 Julii 1563.
Denatus 5 August. 1622.
Theol. Doct., 15 Aug. 1621.
Hebrææ linguæ Professor, 1594.
Loco E. Schadæus.
Theologiæ Professor, 1614.
Loco B. Nasser.

Specht, Jean-Baptiste, de Kientzheim (Haut-Rhin).
Né 17 Mai 1795.
Décédé 9 Février 1862.
Professeur de dogme au Grand Séminaire catholique, 1827.
Directeur de l'École supérieure de théologie à Molsheim, 1828.
Professeur de dogme au Grand Séminaire catholique, 1828-1842.
Chanoine honoraire de la Cathédrale, 1830.
Supérieur en second du Grand Séminaire catholique, 1841.
Supérieur du Grand Séminaire catholique, 1842-1852.
Loco J. Stromeyer.
Chanoine de la Cathédrale, 1850.
Vicaire général honoraire de l'Évêché, 1852.

Spielmann, Jacobus Reinboldus, Argent. (B. U.)
Natus 31 Martii 1722.
Denatus 9 Septemb. 1783.
Med. Doct., 6 Juin 1748. (22 April. 1748.)
Phil. Doct., 25 April 1754.
Medicinæ Professor extraordin., 8 Maii 1749.
Poëseos Professor, 30 Januar. 1756.
Medicinæ Professor, 25 Maii 1759.
Loco J. Bœcler.

Eloquent. Prof. publ., 1756.
Phil. & Med. Doct., Chem., Bot. reliquæque Mater. med. Prof. publ. ord., 1759.

Portrait par C. Guérin. 1781.
Portrait lithographié par J. D. Beyer.
Silhouette en pied, non signé.

Spielmann, Johannes Jacobus, Argent. (B. U.)
Natus 4 Octob. 1745.
Denatus 7 Decemb. 1810.
Med. Doct., 19 Julii 1770. (26 Maii 1770.)
Medicinæ Professor, 23 April. 1785.
Professeur de pathologie générale et pratique médicale à l'Académie protestante.

Med. Doct., Pathol. & Praxeos clin. Prof. publ. ord., 1785.

Spitz, Aloïse, d'Epfig (Bas-Rhin).
Né 24 Juin 1837.

Professeur d'histoire au Grand Séminaire catholique, 1866-1875.
Curé à Ingwiller, 1875.
Rédacteur de l'*Union d'Alsace-Lorraine*, 1880-1882.
Curé à Düppigheim, 1882.

Stahl, Charles-Auguste, de Strasbourg.
Né 30 Novembre 1799.
Décédé 18 Décembre 1874.
Professeur agrégé d'histoire au Séminaire protestant, 1839.
Professeur d'histoire au Séminaire protestant, 29 mars 1843.
Professeur d'histoire à l'Université de Strasbourg, 1 Mai 1872.

Stang, Franciscus (*S. J.*), Würzburg.
Natus 6 Januar. 1693.
Denatus (Spirâ) 20 Februar. 1744.
Logicæ Professor in Schola Molshemiana, 1724-1725.
Loco V. Messer.
Physicæ Professor in Schola Molshemiana, 1725-1726.
Loco V. Messer.

Stein, Aloysius (*S. J.*), Fuldens.
Natus Februar. 1659.
Denatus (Fulda) 25 August. 1728.
Theologiæ moralis Professor in Schola Molshemiana, 1704-1705.
Loco S. Wüst.
Theologiæ scholasticæ Professor in Schola Molshemiana, 1705-1714.
Loco L. Wedekind.

Steinmetz, Jean-Adam, de Wittersheim (Bas-Rhin).
Né 1 Juin 1824.
Décédé 4 Août 1858.
Professeur de dogme au Grand Séminaire catholique, 1848.
Loco A. Dietrich.

Stemler, Johannes Michael, Argent. (B. U.)
Natus 29 August. 1595.
Denatus 12 Mart. 1661.
Consul, 1639, 1645, 1651 et 1657.
Scholarcha, 1659.

Stephani, Philippus (*S. J.*), Badens.
Natus 13 April. 1678.
Denatus 27 Novemb. 1729.
Logicæ Professor in Schola Molshemiana, 1704-1705.
Loco G. Hoffmann.
Physicæ Professor in Schola Molshemiana, 1705-1706.
Loco G. Hoffmann.
Logicæ Professor in Academia Bambergensi, 1706-1707.

Physicæ Professor in Academia Bambergensi, 1707-1708.
Metaphysicæ Professor in Academia Bambergensi, 1708-1709.
Theologiæ moralis Professor in Schola Molshemiana, 1709-1710.

Loco P. Sartorius.

Theologiæ scholasticæ Professor in Schola Molshemiana, 1714-1716.

Loco L. Herissem.

Præfectus spiritualis Scholæ Molshemianæ, 1716.
Præfectus spiritualis Scholæ Molshemianæ, 1725-1726.

STŒBER, Elias.

Natus 19 Septemb. 1719.
Denatus 9 Maii 1778.
Theol. Doct.
Præceptor in Gymnasio, 1763-1766.
Græcæ & Hebrææ linguæ Professor.
Theologiæ Professor extraordin., 9 Julii 1768.

Sanctior. Doctrin. Doct., Prof. publ. extraord. ac Minist. eccles. Vicar. primar., 1771.
Sacrar. Liter. Prof. publ. ac Minist. eccles. Vicar. primar., 1774.

STÖKKEN, Gerhardus von, Copenhag. (B. U.)

Natus 28 Novemb. (Decemb.) 1629.
Denatus 6 Octob. 1681.
Juris Doct. (Altorfii).
Juris Professor, 24 April. 1665.

J. U. D., Instit. Imper. Prof. publ., 1667.

STÖSSER, Gothofredus (Nobilis de LILIENFELD), Argent.

Natus 8 Novemb. 1635.
Denatus 4 Septemb. 1703.
Jur. Doct. (30 Junii 1659.)
Juris Professor, 15 April. 1666.

Abiit 1675 (? 1686').

Borussiæ Regis Consiliarius intimus et Ducatus Magdeburg. Pro-Cancellarius hæreditarius in Dölckau.

J. U. Doct. & Pandect. Prof. publ., 1666.

Portrait par Bernigeroth.
Portrait par P. Aubry.

STORCK, Johannes Petrus, Argentin. (B. U.)

Natus 16 Octob. 1587.
Denatus 18 Februar. 1635.
Consul, 1633.
Scholarcha, 15 Junii 1633.

STORCK, Petrus, Argentin. (B. S.)

Natus 4 Novemb. 1554.
Denatus 24 Maii 1627.

Consul, 1608, 1614 et 1620.
Scholarcha, 31 Octob. 1614.
Portrait par J. ab Heyden. 1627.

STORR, Matthæus (*S. J.*), Nicrosolmensis.
Natus 1610.
Denatus (Aschaffenburg) 13 April. 1678.
Rector Academiæ Molshemianæ, 1666-1668.
Loco R. Göltgens.
Præpositus Provinciæ Rheni Superioris, 1676-1678.

STRAUB, Joseph-Alexandre, de Strasbourg.
Né 19 Mars 1825.

Professeur d'archéologie et Trésorier au Grand Séminaire catholique, 1868.
Secrétaire général de l'Évêché, 1870.
Chanoine de la Cathédrale, 1876.
Vicaire capitulaire de l'Évêché, Août 1890.

STRAUCK,
Né
Décédé
Professeur et Trésorier au Grand Séminaire catholique.

STRAULIN, Franciscus (*S. J.*), Venetus.
Natus 1647.
Denatus 3 Martii 1711.
Logicæ Professor in Academia Molshemiana, 1682-1683.
Loco H. Westerberger.
Physicæ Professor in Academia Molshemiana, 1683-1684.
Loco A. Bischweiler.
Metaphysicæ Professor in Academia Molshemiana, 1684-1685.
Loco M. Chappuis.
Logicæ Professor in Academia Molshemiana, 1695-1696.
Loco J. Heckmann.

STREITT, Thomas (*S. J.*), Worms.
Natus 1595.
Denatus (Selestad.) 7 Junii 1668.
Logicæ Professor in Academia Molshemiana, 1628-1629.
Loco C. Lennep.

STROBEL, Petrus (*S. J.*), Seeligenstad.-Hassus.
Natus 3 April. 1722.
Denatus
Scholasticæ & Juris canonic. Professor in Schola Molshemiana, 1763-1765.
Loco M. Ræder.

STROMEYER, Joseph, de Heimsbrunn (Haut-Rhin).
Né 10 Avril 1771.
Décédé (Heimsbrunn) 6 Décemb. 1866.

Supérieur du Grand Séminaire catholique, 1836-1842.
Loco A. Ræss.
Chanoine de la Cathédrale, 1842-1865.
Démissionnaire, 1865.

STUMPFF, Pierre-Paul, d'Eguisheim (Haut-Rhin).
Né 21 Septemb. 1822.
Décédé 10 Août 1890.
Docteur en théologie.
Membre de la Congrégation du Saint-Esprit.
Supérieur du Séminaire français à Rome.
Supérieur du Grand Séminaire catholique, 1864-1881.
Loco F. X. Marula.
Chanoine de la Cathédrale, 1866.
Vicaire général de l'Évêché, 1876-1880.
Évêque de Cesaropolis, Coadjuteur de l'Évêque de Strasbourg, 1881.
Evêque de Strasbourg, Novembre 1887.

STURATH, Johannes (*S. J.*), Würzburg.
Natus 1646.
Denatus (Molshem.) 7 Junii 1688.
Theologiæ scholasticæ Professor in Academia Molshemiana, 1687-1688.
Loco P. Faber.

STURM, Jacobus, Argentin.
Natus 10 August. 1489.
Denatus 30 Octob. 1553.
Phil. Doct. (Friburg.-Brisg.), 1505.
Prætor, 1527-1537 et 1549-1553.
Cancellarius Gymnasii, 1538.

STURM, Johannes, Schleiden.-Rhenan.
Natus 1 Octob. 1507.
Denatus (Nordheim.) 3 Martii 1589.
Eloquentiæ Professor, 14 Januar. 1538.
Rector Scholæ Argentoratensis, 1541-29 Maii 1566.
Rector Academiæ, 30 Maii 1566-1581.
Portrait non signé. Vers 1590.
Portrait par J. ab Heyden.

STURM, Petrus, Argentin.
Natus
Denatus 5 Julii 1563.
Prætor, 1539.
Cancellarius Academiæ, 1553.
Portrait par I. I. Haid, Augsbourg.
Portrait signé H. I.
Portrait non signé.

STURM à STURMECK, Jacobus, Argentin.
Natus
Denatus 1633.
Prætor, 1624.
Universitatis Cancellarius 14 Januar. 1626.

Tabor, Johannes Otto, Bautzen-Lusat.

Natus 3 Septemb. 1604.
Denatus 12 Decemb. 1674.
Jur. Doct., 10 Novemb. 1631. (Octob. 1731.)
Juris Professor, 30 Julii 1634.

Loco S. Flach.
Abiit 1656 Lunæburgam.

J. U. D., Cod. & Feud. placitor. Prof., 1642.
J. U. D., Cod. & Feud. consuet. Prof., 1643.

Portrait par I. Brunn. 1645.
Portrait par P. Aubry.
Portrait par A. M. Wolffgang.
Portrait non signé.
Portrait par Huber.
Portrait sur bois par F. Stimmer.
Portrait en pied, lithographié par Haberer.

Tassin, Petrus (*S. J.*), Noviant.-Lotharing.

Natus 8 Januar. 1725.
Denatus (Nancy) 4 Februar. 1803.
(?) Logicæ Professor in Universitate episcopali, 1757-1759.

Loco J. Keifflin.

Taufrer, Johannes, Laybacens.-Carniol.

Natus 23 Februar. 1584.
Denatus 8 Octob. 1617.
Theol. Doct. (Tubingæ), 13 Februar. 1614.
Theologiæ Professor, 31 Martii 1614.

Portrait par J. ab. Heyden.
Portrait non signé. 1617.

Tavernier, Claudius Stephanus (*S. J.*), Marnay (Haute-Saône).

Natus 23 Januar. 1694.
Denatus (Argent.) 31 Martii 1757.
Theologiæ scholasticæ Professor in Universitate episcopali, 1732-1739.

Loco D. Bernard.

Cancellarius Universitatis episcopalis, 1746-1757.

Thannberger, Franciscus Xaverius Johannes Josephus, Blotzheim.-Alsat.

Natus 1751.
Denatus 1837.
Theol. Doct., 2 Julii 1782. (2 Junii 1775.)
Professor in Seminario episcopali, 1778-1788.
Curé de Sufflenheim, 1817.
Chanoine honoraire de la Cathédrale, 1820.

Thiroux, Gabriel (*S. J.*), Autun.

Natus 25 April. 1667.
Denatus (Dijon) 13 Junii 1737.
Logicæ Professor in Seminario episcopali, 1700-1701.

Thomas, Jacobus (*S. J.*), Stenay.

Natus 28 Septemb. (*vel* 28 Decemb.) 1720.
Denatus (Stenay) 1782.

Theologiæ scholasticæ Professor in Universitate episcopali, 1760-1765.

Loco J. Georgia.

THORWESTEN, Josephus (*S. J.*), Fuldens.

Natus 30 Septemb. 1709.
Denatus (Bamberg.) 13 Junii 1750.
Logicæ Professor in Schola Molshemiana, 1738-1739.
Loco J. Sendelbach.
Physicæ Professor in Schola Molshemiana, 1739-1740.
Loco J. Sendelbach.
Physicæ Professor in Schola Molshemiana, August. ad finem 1741.
Loco D. Breny.
Polemicæ Professor in Schola Molshemiana, 1741-1742.
Loco J. Rupp.
Theologiæ Professor in Academia Moguntina.
Theologiæ dogmaticæ Professor in Academia Bambergensi, 1747-1750.

TOURNY, Augustinus (*S. J.*), Pfalzburgens.-Lotharing.

Natus 19 August. 1705.
Denatus (Rhemis) 25 Junii 1746.
Logicæ Professor in Universitate episcopali, 1741-1742.
Loco V. Neef.
Physicæ Professor in Universitate episcopali, 1742-1743.
Loco V. Neef.

TRAXDORFF, Johannes Christophorus, Wantzenawens.-Alsat. (B. U.)

Natus 1 April. 1594.
Denatus 12 Septemb. 1662.
Prætor, 1635.
Universitatis Cancellarius, 15 Junii 1635.

TREITLINGER, Johannes Christianus, Argent. (B. U.)

Natus 11 Septemb. 1717.
Denatus 19 August. 1792.
Jur. Doct., 1 Aug. 1754. (30 April. 1737.)
Juris Professor extraord., 15 Januar. 1748.
Juris Professor, 26 April. 1754.

J. U D., Institut. Imp. Prof. publ. ord., 1754
J. U. Doct., Pandect. & Jur. canon. Prof. publ. ord., 1755.
J. U. Doct., Pandect. & Jur. publ. Prof., 1760.
J. U. Doct., Cod. & Jur. publ. Prof., 1775.

TREMELLIUS, Emmanuel, Ferrariensis.

Natus 1510.
Denatus (Sedan) 9 Octobr. 1580.
Hebrææ linguæ Professor, 1542-1547.
Hebrææ linguæ Professor, Cambridge, 1549-1553.

TRENCHING, Johannes (*S. J.*).

Natus
Denatus

Logicæ Professor in Academia Molshemiana, 1622-1623.
Loco G. Ommeren.
(?) Physicæ Professor in Academia Molshemiana, 1623-1624.
Loco G. Ommeren.
(?) Metaphysicæ Professor in Academia Molshemiana, 1624-1625.
Loco G. Ommeren.

TUPPIUS, Laurentius, Greifswald.
Natus 10 August. 1528.
Denatus 30 Martii 1614.
Juris Doct. (Biturig.).
Juris Professor, 1563.
Loco G. Nessel.

Pandect. Professor.
Loco Ph. Custosius.

ULTSCH, Carolus (*S. J.*), Trentschin.-Ungar.
Natus 1622.
Denatus 14 Decemb. 1688.
Logicæ Professor in Academia Molshemiana, 1660-1661.
Loco M. Kolakowski.
(?) Physicæ Professor in Academia Molshemiana, 1661-1662.
Loco M. Kolakowski.
(?) Metaphysicæ Professor in Academia Molshemiana, 1662-1663.
Loco M. Kolakowski.
Scripturæ Sanctæ Professor in Academia Molshemiana, 1665-1666.
Loco J. Lier.
Rector Academiæ Fuldensis.
Rector Academiæ Bambergensis, 24 Januar. 1679-8 Novemb. 1682
Rector Collegii Badensis.

VELSIUS, Justus, Hagæ-Comit.
Natus
Denatus
Med. Doct.
Ethices Professor, 1543.
Abiit 1557 Coloniam.

VERMIGLI (Vermilius), Petrus Martyr, Florentin.
Natus Septemb. 1499.
Denatus (Turici) 12 Novemb. 1562.
Theol. Doct.
Ethices Professor.
Theologiæ Professor, 1542-1547.
Theologiæ Professor, Oxoniæ, 1547-1553.
Theologiæ & Ethices Professor, 29 Decemb. 1553-Julio 1556.
Theologiæ Professor, Turici, Julio 1556.

VERRY, Petrus (*S. J.*).
Natus
Denatus (Auxerre) 5 Julii 1713.
Rector Collegii regii et Seminarii episcopalis, 25 Martii 1685-5 Novemb. 1698.
Loco G. Daubenton.
Rector Collegii Catalaunensis, 1698-1702.
Rector Collegii Virodunensis, 1708-1712.
Rector Collegii Altissiodorensis, 1712-1713.

VILLIAIN, Claudius Henricus (*S. J.*)
Natus circa 1665.
Denatus
Physicæ Professor in Universitate episcopali, 1701-1702.
Loco J. Gouffier.
Logicæ Professor in Collegio Metensi, 1702-1703.
Physicæ Professor in Collegio Metensi, 1703-1705.

VINCKE, Fridericus (*S. J.*), Westphal.
Natus 21 Octob. 1648.
Denatus 22 Maii 1714.
Theologiæ moralis & Linguæ Hebrææ Professor in Academia Molshemiana, 1697-1699.
Loco S. Vogt.

VIROT, Petrus Stephanus (*S. J.*), Divionensis.
Natus 10 Januarii 1732.
Denatus
Logicæ Professor in Universitate episcopali, 1762-1763.
Philosophiæ Professor in Universitate Mussipontana, 1764-1766.

VOEGELIN, Ignatius (*S. J.*), Molsheim.
Natus 1 Februar. 1717.
Denatus post 1766.
Logicæ Professor in Schola Molshemiana, 1750-1751.
Loco I. Wolff.

VOGEL, Christophorus (*S. J.*), Würzburg.
Natus 18 Januar. 1719.
Denatus post 1773.
Theol. Doct.
Physicæ, Ethicæ & Metaphysicæ Professor in Schola Molshemiana, 1751-1752.
Loco I. Wolff.
Logicæ Professor in Academia Bambergensi, 1752-1753.
Physicæ Professor in Academia Bambergensi, 1753-1754.
Theologiæ scholasticæ et Juris canonici Professor in Schola Molshemiana, 1757-1760.
Loco F. Schuster.
Moralium Professor in Universitate Würzburgensi, 1765-1768.

VOGLER, Kilian, Cannstad.-Württ.
Natus 1515.
Denatus 16 Martii 1585.

Juris Doct. (Tubingæ), 25 Januar. 1546.
Juris Professor, 1545.

Abiit 1552 Tubingam.

Portrait non signé.

VOGT, Sebaldus (*S. J.*), Coblenz.
Natus 1653.
Denatus (Fuldæ) 30 Junii 1703.
Logicæ Professor in Academia Molshemiana, 1688-1689.
Loco J. Pompernetz.
Physicæ Professor in Academia Molshemiana, 1689-1690.
Loco J. Pompernetz.
Theologiæ moralis Professor in Academia Molshemiana, 1691-1693.
Loco D. Mandt.
Scripturæ Sanctæ Professor in Academia Molshemiana, 1694-1696.
Theologiæ moralis Professor in Academia Molshemiana, 1696-1697.
Loco G. Loder.

VOSS, Christophorus (*S. J.*), Moguntin.
Natus 20 (*vel* 19) Septemb. 1676.
Denatus (Mogunt.) 31 Decemb. 1757.
Logicæ Professor in Schola Molshemiana, 1710-1711.
Loco H. Schlinck.
Physicæ Professor in Schola Molshemiana, 1711-1712.
Loco H. Schlinck.
Logicæ Professor in Academia Bambergensi, 1712-1713.
Physicæ Professor in Academia Bambergensi, 1713-1714.
Metaphysicæ Professor in Academia Bambergensi, 1714-1715.

WADDINGTON (WADDINGTON-KASTUS), Charles Tzaunt, de Paris.
Né 19 Juin 1819.

Docteur ès lettres (Paris), 11 Novembre 1848.
Professeur de philosophie au Séminaire protestant, 25 Novembre 1856.
Loco C. J. G. Bartholmess.
Professeur de philosophie au Lycée Saint-Louis à Paris, 1864.
Membre de l'Académie des sciences morales et politiques, 1888.

WAGNER, Bernhard., Argent. (B. U.)
Natus 1 Decemb. 1657.
Denatus 17 Junii 1728.
Theol. Doct., 20 Septemb. 1696.
Logices & Metaphysices Professor, 27 Februar. 1687.
Theologiæ Professor, Octob. 1695.

Theol. Doct. & Prof. et Convent. Eccles. Præses, 29 Decemb. 1707.

Logic. ac Metaphys. Prof. publ. & Ecclesiast., 1688.
Theol. Prof. publ. & Ecclesiast., 1696.

WALLE, Jacobus (*S. J.*), Heiligenstad.
Natus 1646.
Denatus (Heiligenstad.) 31 Octob. 1692.
Logicæ Professor in Academia Molshemiana, 1683-1684.
Loco F. Straulin.

WALLISER, Laurentius Thomas, Argent. (B. U.)
Natus 12 Novemb. 1569.
Denatus 22 Septemb. 1631.
Præceptor in Gymnasio.
Ethices Professor 27 Februar. 1604.

Metaphysices Professor, 1595.
Philosophiæ practicæ Professor, 1617.

WALLRAAFF, Henricus (*S. J.*), Spirens.
Natus 1636.
Denatus ante 1678.
Logicæ Professor in Academia Molshemiana, 1671-1672.
Loco N. Randorff.
Physicæ Professor in Academia Molshemiana, 1672-1673.
Loco N. Randorff.
(?) Metaphysicæ Professor in Academia Molshemiana, 1673-1674.
Loco N. Randorff.

WALTHER, Valentinus (*S. J.*), Cronach.-Bavar.
Natus 1627.
Denatus ante 1678.
Physicæ et Matheseos Professor in Academia Molshemiana, 1659-1660.
Loco N. Fischer.
Metaphysicæ Professor in Academia Molshemiana, 1660-1661.
Loco P. Cron.

WANN, Theodorus (*S. J.*), Cassellan.
Natus 17 Januar. 1678.
Denatus 1741.
Theol. Doct. (Bamberg.), 5 Maii 1722.
Matheseos Professor in Universitate Würzburgensi, 1713-1714.
Theologiæ scholasticæ Professor in Schola Molshemiana, 1716-1719.
Loco P. Stephani.
Theologiæ Professor in Academia Bambergensi, 1720-1722.
Theologiæ Professor in Universitate Heidelbergensi, 1722.
Theologiæ Professor in Universitate Würzburgensi, 1736-1737.

WEBER, Émile-Alfred, de Strasbourg.
Né 1 Juillet 1835.

Docteur en théologie, 28 Novembre 1863.
Agrégé libre au Séminaire protestant, 1860.
Professeur agrégé au Séminaire protestant, 19 Juillet 1864.
Professeur au Séminaire protestant, 20 Février 1872.
Professeur de philosophie à l'Université de Strasbourg, 1 Mai 1872.

WEBER, Georgius Fridericus, Argent. (B. U.)
Natus 5 Januar. 1736.
Denatus 1820.
Phil. Doct., 21 Septemb. 1770.
Theol. Doct., 27 Martii 1788. (20 Septemb. 1785.)
Theologiæ Professor adjunctus, 1770.
Theologiæ Professor extraordinarius, 1778.
Theologiæ Professor, 27 Januar. 1784.
Loco S. F. Lorentz.
Professeur d'histoire de l'Église et de dogmes à l'Académie protestante.
Directeur du Gymnase protestant, 1807.

WEBER, Johannes (*S. J.*), Selestadiens.
Natus 20 Septemb. 1691.
Denatus (Molshem.) 20 Maii 1733.
Logicæ Professor in Schola Molshemiana, 1728-1729.
Loco I. Flory.
(?) Physicæ Professor in Schola Molshemiana, 1729-1730.
Loco I. Flory.
Vice-Minister Scholæ Molshemianæ, 1732-Maio 1733.

WEDEKIND, Liborius (*S. J.*), Northensis.
Natus 16 April. 1653.
Denatus (Aschaffenburg.) 14 Januar. 1717.
Metaphysicæ Professor in Universitate Würzburgensi, 1693.
Theologiæ moralis Professor in Schola Molshemiana, 1701-1702.
Loco J. Heckmann.
Theologiæ scholasticæ Professor in Schola Molshemiana, 1702-19 Januar. 1705.
Loco S. Donung.
Rector Scholæ Molshemianæ, 20 Januar. 1705-21 Martis 1708.
Loco A. Hugk.
Scripturæ Sanctæ Professor in Academia Bambergensi, 19 Maii 1708-1712.
Cancellarius Academiæ Bambergensis, 1710-1712.
Præfectus Spiritus in Academia Bambergensi, 1712.

WEGELIN, Thomas, Augsburgens. (B. U.)
Natus 21 Decemb. 1577.
Denatus 16 Martii 1629.
Theol. Doct. (Tubingæ), 22 Junii 1608.

Theologiæ Professor 21 April. 1623.

Loco J. Bechtold.

Theol. Doct. & Prof. et Convent. eccles. Præses, 1623.

Portrait non signé. 1629.
Portrait par M. Haffner.
Portrait par J. ab Heyden.

WEILER, Henricus (*S. J.*), Hallenberg.-Westphal.
Natus 30 Martis 1730.
Denatus (Moguntiæ) 2 Februar. 1767.
Logicæ Professor in Schola Molshemiana, 1757-1758.

Loco C. Kœnig.

Physicæ, Ethicæ & Metaphysicæ Professor in Schola Molshemiana, 1758-1759.

Loco C. Kœnig.

Philosophiæ Professor in Universitate Würzburgensi, 1763.
Scripturæ Sanctæ & Linguæ hebrææ Professor in Schola Molshemiana, 1764.

Loco C. Cron.

WEIS, Joseph.
Né
Décédé 1815.
Professeur et Directeur du Grand Séminaire catholique, 31 Janvier 1807.

WEISROCK, Ignatius (*S. J.*), Selestadiens.
Natus 17 August. 1728.
Denatus
Logicæ Professor in Schola Molshemiana, 1762-1763.

Loco F. Dabutz.

Physicæ, Ethicæ & Metaphysicæ Professor in Schola Molshemiana, 1763-1764.

Loco F. Dabutz.

Scripturæ Sanctæ Professor in Schola Molshemiana, 1764-1765.

Loco H. Weiler.

WENCKER, Jacobus, Argentin. (B. U.)
Natus 22 Octob. 1633.
Denatus 22 Octob. 1715.
Consul, 1682, 1688, 1694, 1700, 1706 et 1712.
Scholarcha 19 Januar. 1711.

Portrait par J. A. Seupel.

WENCKER, Jacobus, Argent. (B. U.)
Natus 8 Julii 1668.
Denatus 1 Januar. 1743.
Consul, 1736 et 1742.
Scholarcha, 1738.

WENCKER, Johannes, Argent. (B. U.)
Natus 14 Julii 1590.
Denatus 17 Octobris 1659.

Consul, 1644, 1650 et 1656.
Scholarcha, 31 Mart. 1642.

WENGER, Louis-Philippe, de Grendelbruch (Bas-Rhin).
Né 2 Janvier 1831.
Décédé 19 Juin 1881.
Professeur de dogme et d'hébreu au Grand Séminaire catholique, 1858.
Loco J. A. Steinmetz.
Professeur d'Écriture sainte et Trésorier au Grand Séminaire catholique, 1870.
Chanoine honoraire de la Cathédrale, 1880.

WERNER, Franciscus (*S. J.*)
Natus
Denatus
Logicæ Professor in Academia Molshemiana, 1693-1694.
Loco N. Mercator.
Physicæ Professor in Academia Molshemiana, 1694-1695.
Loco N. Mercator.

WERNERT, Jean-Joseph-Étienne.
Né 26 Décembre 1802.
Décédé (Ribeauvillé) 5 Mai 1866.
Professeur au Grand Séminaire catholique, 1829.
Curé à Bindernheim, 1830.
Curé à Münster, 1834.
Curé à Ribeauvillé, 1835.

WESTENBERGER, Henricus (*S. J.*), Hochheim.-Nassov.
Natus 1646.
Denatus (Mogunt.) 2 Maii 1710.
Theol. Doct. (Bamberg.), 15 April. 1692.
Logicæ Professor in Academia Molshemiana, 1679-1680.
Loco J. Willermin.
Logicæ Professor in Academia Bambergensi, 1681-1682.
Physicæ Professor in Academia Bambergensi, 1682-1683.
Metaphysicæ Professor in Academia Bambergensi, 1683-1684.
Theologiæ dogmaticæ Professor in Academia Bambergensi, 1689-1695.

WICKERSHEIM, Philippus Heinricus.
Natus 12 Decemb. 1650.
Denatus 31 Julii 1720.
Prætor, 6 Januar. 1684.
Universitatis Cancellarius, 22 Februar. 1717.

WIEGER, Frédéric, de Strasbourg.
Né 25 Février 1821.
Décédé 26 Décembre 1890.
Docteur en médecine, 31 Août 1846.
Professeur agrégé à la Faculté de Médecine, 23 Février 1850.
Chargé du cours de pathologie interne à la Faculté de médecine, 11 Avril 1854.

Professeur de pathologie interne à la Faculté de médecine, 1 Septembre 1865.
Professeur de pathologie médicale à l'école libre de médecine, Mai 1871 - 30 Septembre 1872.
Professeur de pathologie générale et directeur de la clinique syphilitique et des maladies de peau à l'Université de Strasbourg.

WIEGER, Johannes, Argent. (B. U.)
Natus 5 Septemb. 1690.
Denatus 3 Martii 1769.
Jur. Doct., 5 Novemb. 1723. (11 Octob. 1714.)
Mathematum Professor, 16 Novemb. 1719.
Philosophiæ practicæ Professor, 26 Septemb. 1720.
Juris Professor, 23 Decemb. 1734.

J. U. Doct., Instit. Imper. Prof. publ. ord., 1738.
J. U. Doct., Pandect. & Jur. canon. Prof. publ. ord., 1744.
J. U. Doct., Cod. & Consuet. feud. Prof. publ. ord., 1756.

WIGANDT, Andreas (*S. J.*), Hünfeld.-Hassus.
Natus 1606.
Denatus 13 Junii 1674.
Theologiæ scholasticæ Professor in Academia Molshemiana, 1663 - 1667.
Loco N. Hansler.

WIGANDT, Oswaldus (*S. J.*), Würzburgens.
Natus 15 Junii 1682.
Denatus (Fuldæ) 16 Julii 1729.
Logicæ Professor in Academia Bambergensi, 1716 - 1717.
Physicæ Professor in Academia Bambergensi, 1717 - 1718.
Metaphysicæ Professor in Academia Bambergensi, 1718 - 1719.
Theologiæ moralis Professor in Schola Molshemiana, 1720 - 1721.
Loco F. Huben.

WILLEMANN, Philippus (*S. J.*), Türckheim.-Alsat.
Natus 18 Octob. 1643.
Denatus (Selestad.) 15 April. 1716.
Rector Academiæ Molshemianæ, 1691 - 1694.

WILLERMIN, Johannes (*S. J.*), Lotharing.
Natus 1644.
Denatus (Molshem.) 20 Julii 1718.
Theol. Doct.
Logicæ Professor in Academia Molshemiana, 1678 - 1679.
Loco
Physicæ Professor in Academia Molshemiana, 1679 - 1680.
Loco
(?) Metaphysicæ Professor in Academia Molshemiana, 1680 - 1681.
Loco
Theologiæ moralis Professor in Seminario episcopali, 1684 - 1686.

Theologiæ scholasticæ Professor in Academia Molshemiana, 1688-1694.

Loco J. Sturath.

Cancellarius Academiæ Molshemianæ, 1692-1694.
Rector Academiæ Molshemianæ, 1694-1699.

Loco P. Willemann.

Willesme, Johannes Ludovicus (*S. J.*), Sedan.

Natus 20 Januar. 1705.
Denatus (Stephansfeld) 12 Octob. 1770.
Rector Collegii Sedanensis, 1756-1759.
Rector Collegii Lingonensis, 1759-1761.
Rector Universitatis episcopalis, 2 Junii 1764-1765.

Loco L. Raussin.

Willm, Joseph, de Heiligenstein (Bas-Rhin).

Né 10 Octobre 1792.
Décédé 7 Février 1853.
Docteur en théologie, 11 Juillet 1832.
Professeur au Gymnase protestant, 1821.
Professeur agrégé de philosophie au Séminaire protestant, 9 Novembre 1826.
Professeur de philosophie au Séminaire protestant, 28 Novembre 1832 au 7 Février 1853.
Professeur de morale évangélique à la Faculté de théologie, 1833 à 1836.
Inspecteur de l'Académie, 20 Octobre 1834 au 7 Février 1853.

Portrait lithographié par Schuster, 1843.
Portrait lithographié par Schwalb, 1850.

Wilwisheim, Johannes, Hagenoëns.

Natus 1 Septemb. 1529.
Denatus Novemb. 1593.
Græcæ linguæ Professor, circa 1560.

Winter, Antonius (*S. J.*), Bamberg.

Natus 26 Maii 1712.
Denatus (? Bamberg.) post 1792.
Theologiæ moralis, Juris canonic. & Linguæ hebrææ Professor in Schola Molshemiana, 1752-1753.

Loco P. Harrings.

Minister in Schola Molshemiana, 1753.

Witter, Johannes Jacobus. (B. U.)

Natus 6 Junii 1694.
Denatus 16 Septemb. 1747.
Phil. Doct., 9 April. 1711.
Præceptor in Gymnasio.
Logices & Metaphysices Professor, 9 Novemb. 1726.

Loco J. P. Bartenstein.

Philos. rational. ac primar. Prof., 1744.

WOLCKENSTEIN, David, Breslauens.
Natus
Denatus 2 Septemb. 1592.
Mathematum Professor, 1586.

WOLFF, Adamus (*S. J.*), Ursel-Nassov.
Natus 4 Novemb. 1721.
Denatus
Scholasticæ Professor in Schola Molshemiana, 1763-1765.
Loco M. Raeder.
Minister Scholæ Wormatiensis, 1766.

WOLFF, Ignatius (*S. J.*), Ursel-Nassov.
Natus 25 Martii 1668.
Denatus (Molshem.) 25 Julii 1738.
Logicæ Professor in Academia Molshemiana, 1699-1700.
Loco C. Blesinger.
Physicæ Professor in Academia Molshemiana, 1700-1701.
Loco C. Blesinger.
Polemicæ Professor in Schola Molshemiana, 1720-1721.
Loco J. Bilonius.
Præfectus spiritualis Scholæ Molshemianæ, 1734-1738.

WOLFF, Ignatius (*S. J.*), Badens.
Natus 18 Julii 1717.
Denatus post 1771.
Logicæ Professor in Schola Molshemiana, 1749-1750.
Loco J. Ledergerw.
Physicæ, Ethicæ & Metaphysicæ Professor in Schola Molshemiana, 1750-1751.
Loco C. Hoeffel.

WOLFF, Petrus (*S. J.*), Molsheim.
Natus 8 Julii 1709.
Denatus
Logicæ Professor in Schola Molshemiana, 1742-1743.
Loco F. Chomas.
Physicæ Professor in Schola Molshemiana, 1743-1744.
Loco F. Chomas.
Polemicæ Professor in Schola Molshemiana, 1744-1746.
Loco I. Morlock.
Rector Scholæ Molshemianæ, 16 Januar. 1753-14 Decemb. 1756.
Loco I. Flory.
Rector Scholæ Molshemianæ, 13 Decemb. 1759-1765.
Loco M. Gertner.

WOLFHARD (Lycosthenes), Bonifacius, Buchen, Diœc. Würzburg.
Natus
Denatus
Hebrææ linguæ Professor, 1528-1531.
Loco G. Caselius.

WURMSER, Wolffgangus Sigismundus.
Natus
Denatus 8 Februar. 1574.
Prætor, 1554.
Universitatis Cancellarius, 1570.

WURMSER à VENDENHEIM, Johannes Jacobus.
Natus 1657.
Denatus 9 Februar. 1717.
Prætor, 2 Januar. 1687.
Universitatis Cancellarius, 26 Septemb. 1707.

WURMSER à VENDENHEIM, Fridericus Ludovicus Reinhardus.
Natus 1 Julii 1735.
Denatus 23 Novemb. 1826.
Prætor, 19 April. 1786.
Universitatis Pro-Cancellarius, 28 April. 1787.
Universitatis Cancellarius, 17 Novemb. 1787.

WURMSER à VENDENHEIM, Johannes Ludovicus, Argentin.
Natus 1 Maii 1684.
Denatus 17 Decemb. 1746.
Prætor, 2 Januar. 1721.
Universitatis Cancellarius, 15 Maii 1730.

WÜST, Sebastianus (*S. J.*), Episcopius.
Natus 20 Januar. 1647.
Denatus (Fuldæ) 14 Decemb. 1714.
Logicæ Professor in Academia Molshemiana, 1674-1675.
Loco L. Maas.
Physicæ Professor in Academia Molshemiana, 1675-1676.
Loco L. Maas.
(?) Metaphysicæ Professor in Academia Molshemiana, 1676-1677.
Loco L. Maas.
Scripturæ Sanctæ Professor in Academia Molshemiana, 1687-1692.
Scripturæ Sanctæ Professor in Academia Bambergensi, 1693-1696.
Theologiæ positivæ Professor in Academia Molshemiana, 1696-1700.
Theologiæ moralis Professor in Academia Molshemiana, 1703-1704.

ZANCHIUS, Hieronymus, Alzano-Bergam.
Natus 2 Februar. 1516.
Denatus (Heidelberg) 19 Novemb. 1590.
Theol. Doct.
Physices Professor.
Theologiæ Professor, 25 Februar. 1553.
Abiit Clavennam 1563.

ZEDLITZ, Johannes Georgius à, de Hartmannsdorff-Siles. (B. U.)
Natus 19 Decemb. 1632.
Denatus 18 April. 1686.
Prætor, 2 Januar. 1670.
Universitatis Cancellarius, 3 Februar. 1677.

ZENTGRAFF, Johannes Joachim, Argent. (B. U.)
Natus 21 Mart. 1643.
Denatus 28 Novemb. 1707.
Theol. Doct., 5 Decemb. 1686. (2 Maii 1677.)
Philosophiæ practicæ Professor, 11 August. 1676.
Loco J. Schaller.

Theologiæ Professor, 4 August. 1695.
Theol. Doct. & Prof. et Convent. eccles. Præses 7 Decemb. 1705.

Theol. Doct. ejusdemque Prof. publ. & Ecclesiastes, 1696.
Portrait par J. A. Seupel.

ZIMBERLIN, Antoine-Georges, de Ferrette (Haut-Rhin).
Né 19 Octob. 1799.
Décédé 21 Juin 1882.
Professeur et Bibliothécaire au Grand Séminaire catholique, 1835.
Loco J. Achon.

Curé à Murbach, 1837.
Curé à Ruelisheim, 1837.
Curé à Ensisheim, 1841.
Curé à Orschwihr, 1847.
Curé à Biederthal, 1860.
Démissionnaire, 1873.

ZIRCK, Michael (*S. J.*), Mellenstad.
Natus 11 April. 1721.
Denatus (Bamberg.) 4 Septemb. 1771.
Logicæ Professor in Schola Molshemiana, 1755-1756.
Loco S. Schirber.

Physicæ, Ethicæ & Metaphysicæ Professor in Schola Molshemiana, 1756-1757.
Loco S. Schirber.

ZOEPFEL, Franciscus Mathias (*S. J.*), Dainbach-Badens.
Natus 29 Maii 1727.
Denatus (Argent.) post 1766 et ante 1769.
Logicæ Professor in Universitate episcopali, 1759-1760.
Loco P. Tassin.

Physicæ Professor in Universitate episcopali, 1760-1761.
Loco P. J. Nickel.

Logicæ Professor in Universitate episcopali, 1761-1762.
Loco J. B. Durosoy.

(?) Physicæ Professor in Universitate episcopali, 1762-1763.
Loco J. B. Durosoy.

Controversiæ Professor in Universitate episcopali, 1764-1765.
Loco D. Kuhn.

Zorn à Plobsheim, Adam, Plobsheimens.-Alsat.
Natus 1559.
Denatus Februar. 1623.
Prætor, 1612.
Universitatis Cancellarius, 2 Novemb. 1618-3 Februar. 1623.

SOURCES

Programmata Rectorum Universitatis Argentoratensis (Seu *Funebria*, seu *Inauguralia*). XVII et XVIII Seculi.

Chronica Cancellariorum, Scholarcharum, Professorum in omnibus Facultatibus in Universitate Argentinensi, a tempore fundationis ejusdem usque ad hodierna tempora. Manuscrit in-folio du xviiie siècle.

Catalogues manuscrits des thèses des Académies et des Universités alsaciennes. (Oscar Berger-Levrault.)

Bulletin universitaire contenant les ordonnances, (décrets) règlements et arrêtés relatifs à l'instruction publique. Paris. Tomes I (1828) à XVIII (1849). In-8°.

Bulletin administratif de l'Instruction publique. Paris. Tomes I (1850) à XXIII (1872). In-8°.

Allgemeine deutsche Biographie. Duncker & Humblot. à Leipzig. In-8°. Livraisons I — 1875-1891.

Academia (Archiducalis) Molshemensis Apostolica Cæsareaque autoritate firmata et explicata Panegyrico, quem libris quatuor divisum reverendissimo et serenissimo Principi ac Domino D. Leopoldo, Archiduci Austriæ, Episcopo Argentinensi et Passaviensi, etc., munificentissimo Academiæ Fundatori Solemni Promulgationis die VI. Kal. Septemb. publica totius Alsatiæ Panegyri dixit, dicavit, consecravit Collegium Academicum Societatis Jesu Molshemense. J. Hartmann, Molsheim. In-4° de XII-274 p. 1618.

Bourguignon. — Notes pour servir à l'histoire de l'ancienne École de médecine de Strasbourg. Thèse présentée à la Faculté de médecine de Strasbourg et soutenue publiquement le vendredi 24 août 1849, à trois heures de relevée, pour obtenir le grade de Docteur en médecine, par E. Bourguignon, de Bischwiller (Bas-Rhin). Vve Berger-Levrault. In-4° de VIII-48 p. 1849.

Heitz (Friedrich Carl). Die St-Thomas Kirche in Strassburg. Ein Beitrag zur Geschichte unserer Vaterstadt. F. C. Heitz. In-8° de IV-136 p. 1841.

Hermann (Jean-Fréd., Ex-législateur, ancien maire de Strasbourg, Doyen de la Faculté de Droit, membre du Directoire du consistoire général de la confession d'Augsbourg, Chevalier de l'ordre royal de la Légion d'honneur). *Notices historiques*, statistiques et littéraires sur la ville de Strasbourg. F. G. Levrault. In-8°. Tome II, pp. 293-301. 1817.

Hœffel. — Aperçu historique sur l'ancienne Faculté de médecine de Strasbourg. Thèse présentée à l'École libre de médecine de Strasbourg et soutenue publiquement Samedi, le 3 août 1872, pour obtenir le grade de *Docteur en médecine*, par Jean Hœffel, d'Aubure (Haut-Rhin), Interne des hôpitaux civils de Strasbourg, Ancien externe de la Faculté de médecine. Hubert et Haberer, Strasbourg. In-8° de IV-141 p. 1872.

Müller (E.). Le Magistrat de la ville de Strasbourg, les Stettmeistres et Ammeistres de 1674 à 1790, les Préteurs royaux de 1685 à 1790 et *Notices généalogiques* sur des familles de l'ancienne Noblesse d'Alsace depuis la fin du XVIIe siècle. Salomon, Strasbourg. In-12 de VIII-270 p. 1862.

Notice sur les fondations administrées par le Séminaire protestant de Strasbourg. F. C. Heitz. In-8° de 158-CLIX p. 1854.

Ruland. — Series et vitæ Professorum SS. Theologiæ, qui Wirceburgi a fundata Academia per divum Julium usque in annum MDCCCXXXIV docuerunt. *Ex authenticis monumentis collectæ* a Antonio Ruland, SS. Theologiæ Doctore, Bibliothecæ Universitatis Reg. Præfecto. Accedunt analecta ad historiam ejusdem SS. Facultatis, in quibus Statuta antiqua divi-Julii nondum edita. Veuve C. G. Becker, Würzburg. In-8° de XIV-357 p. 1835.

Strassburgischen Gymnasii Christliches Jubelfest im Jahr 1638 celebrirt und begangen. — Appendix chronologica a Melchiore Sebizio, Professore Medicinæ ordinario, etc., pp. 220-300. E Zetzner. In-4°. 1641.

Tourdes (G.) et V. Stœber. Topographie et histoire médicale de Strasbourg et du département du Bas-Rhin, pp. 468 à 528. Vve Berger-Levrault & Fils, Strasbourg. In-8°. 1864.

Strobel (A. G., Professeur au gymnase). — Histoire du Gymnase protestant de Strasbourg, publiée à l'occasion de la troisième fête séculaire de cet établissement. F. C. Heitz. In-8° de VIII-183 p. 1838.

Weber. — Geschichte der gelehrten Schulen im Hochstift Bamberg von

1007 - 1803, von **Heinrcich Weber**, Professor am Königl. Lyceum. S. M. Reindl, Bamberg. In-8° de X-795 p. et 2 plans. 1880-1882.

Wieger (F.). Geschichte der Medicin und ihrer Lehranstalten in Strassburg vom Jahre 1497 bis zum Jahre 1872. K. J. Trübner, Strasbourg. Grand in-8° de XX-174 p. 1885.

TABLE DES LIEUX

Montaburgens. =
Mussipont. = de Pont-à-Mousson.
Nicrosolmensis = de Schwartzsolm.
Novioduno-Veromand. = de Noyon.
Oxovius =
Pannensis = Pannes.
Pruntrut. = de Porentruy.
Rhemensis = de Reims.
Romanicurt. = de Remiremont.
Rubeacens. = de Rouffach.
Sammiellan. = de Saint-Mihiel.
Sannicolaitan. = de Saint-Nicolas (Lorraine).
Senonensis = de Sens.
Stenacens. = de Stenay.
Spinalens. = d'Épinal.
Tabernens. = Savernois, de Saverne.
Tigur. = de Zurich.
Tolosan. = de Toulouse.
Turic. =
Virodunens. *ou* Virdunens. = de Verdun.
Wratislav. = de Breslau.

www.ingramcontent.com/pod-product-compliance
Ingram Content Group UK Ltd.
Pitfield, Milton Keynes, MK11 3LW, UK
UKHW020117240726
13926UKWH00011B/1653